视觉美学：眼球时代的美学圣经

陈 根 著

電子工業出版社
Publishing House of Electronics Industry
北京 · BEIJING

内 容 简 介

《视觉美学：眼球时代的美学圣经》对美学的定义和应用进行了理论讲解，对基本构图方法进行了归类及案例分析，重点阐述了自然界、工业产品、标志、名画、建筑及海报等专业类别的构图方法，突出了比例运用的使用要领和技巧。本书旨在帮助读者对学习现代设计获得直观的感性认知，并从数学的角度为读者提供美学感性背后的逻辑与规律。

全书实用性强，具有丰富的借鉴与指导实践的意义，是设计师必不可少的参考书和工具书，更可用于相关学科的讲授与学习。

图书在版编目（CIP）数据

视觉美学：眼球时代的美学圣经 / 陈根著. —北京：电子工业出版社，2017.4
ISBN 978-7-121-31003-4

Ⅰ. ①视… Ⅱ. ①陈… Ⅲ. ①美学—研究 Ⅳ. ①B83

中国版本图书馆 CIP 数据核字（2017）第 039424 号

策划编辑：秦　聪
责任编辑：秦　聪
印　　刷：北京捷迅佳彩印刷有限公司
装　　订：北京捷迅佳彩印刷有限公司
出版发行：电子工业出版社
　　　　　北京市海淀区万寿路 173 信箱　邮编　100036
开　　本：787×1092　1/16　印张：12　字数：218 千字
版　　次：2017 年 4 月第 1 版
印　　次：2023 年 9 月第 2 次印刷
定　　价：99.80 元

凡所购买电子工业出版社图书有缺损问题，请向购买书店调换。若书店售缺，请与本社发行部联系，联系及邮购电话：(010)88254888，88258888。

质量投诉请发邮件至 zlts@phei.com.cn，盗版侵权举报请发邮件至 dbqq@phei.com.cn。

本书咨询联系方式：（010）88254568；qincong@phei.com.cn。

前言

当流连于山清水秀的大自然之中，当观赏一副赏心悦目的艺术品的时候，当沉醉于载歌载舞的丰收欢庆晚会之时，一种奇妙的美感便会从心中油然而生。然而，美起源于什么，美的本质又是什么，事物因何而美？

美学是关于美的研究和理论，在人的认知过程中扮演着极为重要的角色。观看与感受事物的方式会影响人们对该事物的思考或理解，构成设计中美学与人的关系：美学能够传达功能及可用性的理念；人们会认为自己天生对某些事物感兴趣，而真实喜好则完全取决于后天的影响；色彩能影响人们的本能反应；情感能够左右人们的选择，因为情感来自人们对产品或服务无意识的反射；由于品牌可以传递个性，所以人们识别并且信赖某种个性……

大多数人在面对美的时候，通常会理解为这是一种感性的视觉感受。其实并不然，这些给我们带来舒适美感的作品背后有着严谨的数学规律。而本书在对基本视觉美学理论阐述的基础上，探讨了视觉美学的发源地——自然界的美学，并对基本的构图方法进行了归类总结和举例阐述。精选了历史上被公认的美学作品，包括产品视觉美学、标志视觉美学、名画视觉美学、建筑视觉美学、海报视觉美学等经典案例，进行了深入阐述，从数学的角度为大家找到美学背后的规律与规则，让美不再停留在感性的层面，而是将看似感性、抽象的美学数据化。

本书是从数学的角度剖析美学的一本权威书籍，不仅实例丰富，同时突出了比例运用方法的使用要领和技巧。全书实用性强，可借鉴意义很大，是设计师必不可少的参考书和工具书。

陈　根

2017 年 3 月

目录

第 1 章

视觉美学理论

1.1 美的本质和特性

美的存在/美学与行为/美的本质/美的特性

1 美的存在

客观事物的美感，是通过其外部的形态特征表现出来的。根据不同的形成方式，客观事物的外部形态，分为客观形态和文化形态。客观事物的客观形态，是事物形成或具有的有形形态，如花的色香、瓜果的皮色、器具的外观和质地等。在《魔戒》中，与小山丘几乎融为一体的霍比特人小屋可谓令人印象深刻，这个位于新西兰的电影取景地成为热门景点，许多游人千里迢迢前往，只为一睹现实中的霍比特人小屋和主人公的“袋底洞”（见图 1-1）。

图 1-1 袋底洞

客观事物的文化形态，是人们在文化活动中赋予客观事物的以文化为本质内容的无形形态。如，人的门第、名誉、地位和权力，商品的品牌、价格和产地等。

意大利文艺复兴时期的巨匠达·芬奇的油画《蒙娜丽莎》是以真实人物为原型的美人画，多少个世纪以来，都为人们所赞赏和迷恋。目前这幅神奇的画卷为法国国立美术博物馆所珍藏，悬挂在卢浮宫的一间正方形大厅里，一直以其独特的魅力，吸引着来自世界各地的参观者。拿破仑曾经将《蒙娜丽莎》挂在卧室之内，每天早晚都要独自欣赏多次，有时面对画中人竟然伫立良久、如痴如醉。1959 年出任法国总统的戴高乐遇有棘手问题或心绪不宁时，便驱车前往卢浮宫赏画，当他从《蒙娜丽莎》所在的展厅走出来的时候，原来的烦恼早已荡然无存，显得春风满面。继任总统乔治·蓬皮杜也是个《蒙娜丽莎》迷，他说："我常常无法克制对《蒙娜丽莎》的心驰神往之情。"全世界已有形形色色的《蒙娜丽莎》200 多幅。英国前首相撒切尔夫人就收藏了 4 幅，她说："我实在太喜欢《蒙娜丽莎》了，但它又是一件孤品，所以只得以赝品自娱。"

现在很多人把美的定义简单地理解为潮流，以为流行的就是美的，因而就把对美的追求误解为对潮流的追求。什么才是美？流行的就一定是美的吗？赶上了潮流就拥有美丽了吗？

美丽是丰富多彩的，既有林黛玉的柔弱清新，也有薛宝钗的端庄大方，还有王熙凤的泼辣精明。雍容华贵是美，自然纯朴也是美。只要根据自己的自然特征、身份等具体情况进行了修饰，都会增添自己的美丽，但一味地矫揉造作赶潮流，可能就会走向美的反面了。

那美与丑的关系又如何呢？美的就不丑，丑的就不美吗？

我们先来听这样一则故事。从前，有一位画家精心创作了一幅画，拿到市场上去展出。画旁放了一枝笔，并附上说明：每一位观赏者，如果认为此画有欠佳之笔，均可在画中标上记号。晚上，整个画面都涂满了记号——没有一笔一画不被指责。画家十分不快，对这次尝试深感失望，他决定换一种方法试试。他又临摹了一幅同样的画拿到市场展出。可这一次，他要求每位观赏者将其最欣赏的妙笔都标上记号，画面又被涂遍了记号——一切曾被指责的笔画，如今却都换上了赞美的标记。"哦"，画家不无感慨地说，"我发现一个奥妙，那就是只要使一部分人满意就够了。因为在有些人看来是丑恶的东西，在另一些人眼里恰恰是美好的。"

再来看名模界。当吕燕（见图 1-2）在法国的一个模特大赛上取得亚军时，多少人不忿得直跳脚。就凭这个圆脸雀斑厚嘴唇的女孩？——就是她以对时装独特的理解和表现力，颠覆了中国现代人的审美。而同样从国内走向国际的超模刘雯、杜鹃，长相也并不符合传统审美，她们的自信和气质成为了美丽的关键。世界级日裔超模戴文青木身高只有 168cm，以极为“平淡”的亚洲大饼脸、翘翘的嘴唇成为 Lancome 、Chanel 产品的代言人并出演了多部大热影片。

图 1-2　中国第一位走向国际的初代超模——吕燕

这些名模的成功，对传统的美貌定义提出了尖锐质疑。人们开始喜欢和接受不同的风格了，这是一件美好的事，越来越多不符合传统审美的美女，被承认、被肯定。

新西兰哲学家丹尼斯·杜顿（Denis Dutton）在 2009 年出版的个人著作《艺术的本能——美、快乐和人的进化》中描述了有关人类审美的七个共同特征。这些特征跨越文化与地域，具有广泛的一致性。杜顿的审美共性概括如下。

（1）专业知识和技巧。公认专业的艺术技能令人尊重与钦佩。

（2）非功利的乐趣。人们喜欢为艺术而欣赏艺术，并非具有功利性。

（3）风格。艺术品符合构图的法则，并且通过可识别的形式或风格为自己定位。

（4）评论。艺术作品可以被判断、欣赏或阐释。

（5）模拟。艺术作品激发了人们对世界的认知与体验。

（6）特别聚焦。艺术源于生活而高于生活。

（7）想象。艺术家与他们的观众在头脑中构建虚拟的世界。

美学通过感官影响我们的感觉和对世界的理解。就这一点而言，美学既关于我们对白天鹅的反应，也关于我们对丑小鸭的反应。美学就是关于那些能引起我们反应的事物，哪怕引起的反应是厌恶。

SlideShare（一个分享演讲幻灯片的网站，LOGO 如图 1-3 所示）的创办人 Rashmi Sinha 阐述过一个有趣的观点："不应该让视觉设计太完美。"通过评价那些为社会互动所做的设计，她认为粗糙的外观实际上更能让用户拥有归属感。如果你曾听过某人消极地描述某事物"太华而不实、太耀眼"，你就会明白 Rashmi Sinha 想表达的意思了。SlideShare 的设计师有意选择让一些细节"未经雕琢"，让用户对网站有一种特定的感觉。他们做出了有意识的美学设计，来影响人们的感觉、判断和行为。

类似地，大部分并不属于连锁店的甜甜圈店外观都很相似。标志一般是大写的黄色或红色字母，简单写明"DONUTS"或是"幸运 DONUTS"、"家常 DONUTS"。

图 1-3　SlideShare

图 1-4　两个标志的对比

如图 1-4 所示，图中的绿色标志表达出了某种独特的含义：与众不同的 DONUTS，也许这家店有着更好的店铺装修。那个红色标志，在美国的各个城市中随处可见，所有人看见它就能肯定这家甜甜圈店会销售哪些甜甜圈品种，会有哪类常规布置和装饰，装甜甜圈的盒子一定也像其他甜甜圈店铺那样是白色的，甚至能想到他们会用哪种丝带。从许多方面讲，这种未经设计的美学几乎形成了一个品牌。那么一个精心设计的标志会给一个受益于普通标志的甜甜圈店带来什么不好的影响吗？人们看着华丽的标志，就会想到这家店可能会贵一点，从而导致转身离开。

无论你是否在乎视觉设计，审美判断都是真实存在的。就算未经设计的网站也可能实用，为了达到商业目标，一个优秀的设计师会有意地选择俗气的视觉美学。

我们要牢记的是，做出的设计选择应该支持某种特别的行为目标。大家自然都想让这个世界变得更美好，但变美并不总会为我们带来好处。以道路路标为例，设计一个漂亮的停车标志牌可能会很精彩。但是这样做合适吗？考虑行为对象——让人们意识到他们应该停车——那么标志牌应该是什么样的？

如图 1-5 所示的这个设计比我们常见的停车标志牌（见图 1-6）更好吗？当然不。合理的标志牌应该是引人注目、言简意赅的。现存的道路标志牌虽然不是最美观的，但从美学上说是令人愉快的，特别是考虑到其用途的。

图 1-5　“漂亮的”停车标志牌

图 1-6　常见的停车标志牌

这自然也将我们引到环境的问题上。看看下面 A、B 汽车加油站（见图 1-7），它们都身处城市街区里面。假如我要加油，现在停在 A 加油站，而 B 加油站离我也不远，我宁愿多开段距离去 B 加油站加油，因为 A 加油站陈旧破败、缺乏保养，给我的感觉不踏实、不安全。外观缺乏保养的加油站没有得到用户的信任，同样也就会影响加油站的生意。

（a）A 加油站

（b）B 加油站

图 1-7　两个外观迥异的加油站

在这个例子里，我们所处的环境是一个相对繁华的郊区或市区，那么 A 加油站这样的设计就散发出了不好的信号。那如果我们改变下环境呢？假设自驾游途中行驶在一条荒漠公路上，那么陈旧的 A 加油站反而会构成一道迷人的风景，B 加油站则会变得枯燥无趣，也许看上去可信，但它和沙漠绝对不是一体。

从上面的分析，可以得出结论：美是主观的，丑的东西在某些情景下是必须的、也是美的。丑与美都是构成这个世界的必要因素，缺一不可。

优秀的设计都具有美的特质。美是将正确的信息以正确的形式传递给正确的人，美将客户的产品或服务与目标人群联系在一起。设计即使用所有可能的艺术与美学的工具来实现目标，解决应该解决的问题。

美学在认知的过程中扮演着极为重要的角色。观看与感受事物的方式会影响人们对该事物的思考或理解。设计中美学与人有如下的关系：美学能够传达功能及可用性的理念；人们会认为自己天生对某些事物感兴趣，而真实喜好完全取决于后天的影响；色彩能影响人们的本能反应；情感能够左右人们的选择，因为情感来自人们对产品或服务无意识的反射；人们识别并且信赖某种个性，因为品牌可以传递个性，所以，人们往往通过客户的品牌与产品来洞察他们的个性。

《设计心理学》与《情感化设计》的作者、计算机与心理学教授唐纳德 · A · 诺曼（Donald A. Norman）写给《Interactions》杂志的一篇文章中曾提到美学意义：具有魅力的产品更具优势。他认为美、功能和可用性在设计中占据了同等的位置，缺一不可。诺曼的理论值得设计师学习与思考，他掀开了隐藏在人们判断“好”设计与“坏”设计背后的心理学秘密，这可以作为设计师用设计说服客户的有力武器。

因此，如果我们意识到在设计中，情感（感觉）与认知（思考）都对创造感知（直觉）起作用，那么设计师在目标群体的语境中搞清楚情感、认知与创造感知这三个方面，他完成的设计就不仅仅是视觉层面的，而是具有更加深层的含义。只有这样，一个设计的概念才能真正打动人心。

2 美学与行为

“美学”一词来源于希腊语，原意指感知的或者敏感的。今天，美学是关于美的研究和理论。生活的经历与体验塑造了我们的审美观，这是一种后天的影响，我们每个人都有意识或无意识地受到文化的熏陶，最终构建了自己的美学认识。从哲学角度来理解，美学也是关于感知或“感觉情感”的价值研究，即感性感知或者直觉意识。总之，人们如何看待和审视事物直接影响他们对该事物的价值判断，研究美学的意义就在于此。

在设计中，美学关系着如何处理造型、色彩、印刷等设计的关键因素，以便吸引消费者的情感关注，并打动他们。尽管品位属于个人的主观意识，但是有时候不得不迎合社会的整体趋势。比如，设计团队定义了“好”品位与“差”品位。设计师工作的核心就是将信息解码，重新编码后再传递给客户与目标人群。实际上，编码和解码的过程就是将客户的目标转化为目标人群的需求，或者是把抽象的目标形象化、视觉化，好比不同介质之间相互转化的过程。

因此，任何设计项目，设计师都应该暂时将个人的喜好放一边，站在目标人群的角度，以他们的审美观来看待与判断设计。合理而有效地利用设计美学，可以引起消费者与设计之间的共鸣，从而创造一种情感的连接。在平面设计中，最重要的美学的构成因素如图 1-8 所示。

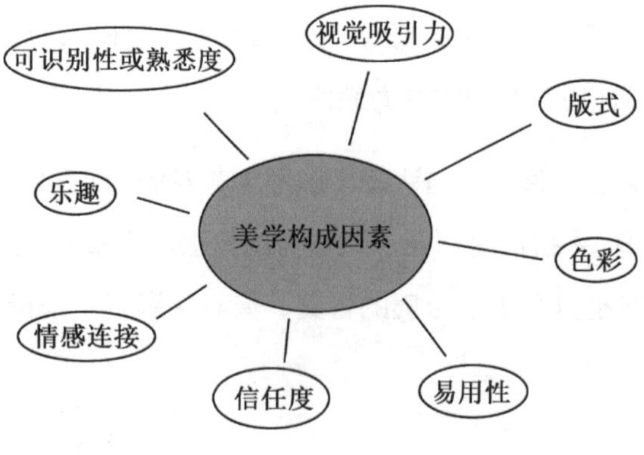

图 1-8 美学构成因素

心理学家、哲学家和设计师都研究美学。大量的理论和学派研究并探讨关于如何使用美学、发现美学，以及美学如何影响人们思考和感受的方式，并尝试对认知框架提出新的解释。

有一种二元理论合理地解释了思考与感受的差异，无论是思考还是感受，二者对于设计师都非常重要。

例如，在目标群体厌烦之前，有多少规则提供一致性？需要目标群体来参与的谜题究竟有多复杂？多久之后他们会感到挫败并转向选择更加容易和更浮于表面的版式设计？看法因人而异，询问不同的人，就会获得不同的答案。这正是设计师发挥自身专业能力的地方。设计师首先要进行分析与理解，然后运用设计的手段将他们所服务的目标群体的审美需求转化出来。这种转化的能力是设计师必备的，也是区分技术人员与艺术家、优秀设计师与顶级设计师的标准。

美的设计处于风格、功能、故事和表现四个主要因素的交叉点，设计应是综合平衡这四个因素的结果，使目标群体与客户释放的信息之间建立起聪明和情感化的联系。

视觉化的手段常常用来分析与比较设计方案的美学，这是因为视觉化的手段有助于设计师与客户快速比较出不同的美学因素在设计方案中的表现。设计师很容易找出方案的不同，以便给予客户一系列的选择。当然，这种方法不是绝对的（见图 1-9）。

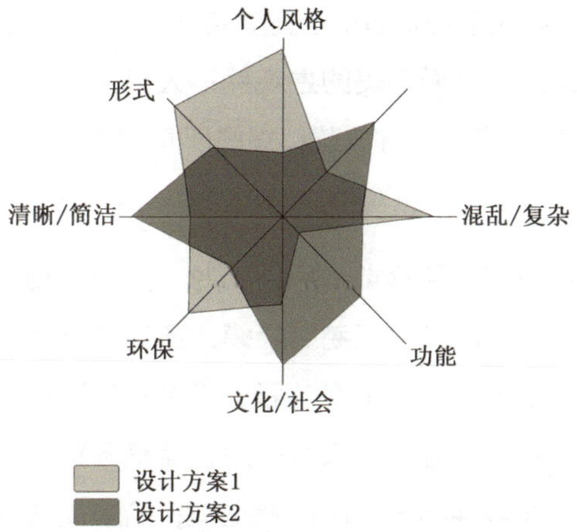

图 1-9　视觉化的美学分析手段

如果设计过程中对美学的作用产生了怀疑，那么就需要在美学思考的条件下回答一些具有争议性的问题。这些问题应该与设计师起初的创意纲要相关，具体包括：

设计的目的是什么？

设计的目标人群是谁？

客户希望传递出哪些独一无二的特点或者品质？

选择什么样的平面设计方案能够将客户的特质传达给特定的目标群体？

客户希望他们的设计能够给消费者带来哪些思考与感受？

我们如何知道消费者对设计的认识与理解正如我们所设想的一样？

3 美的本质

当流连于山清水秀的大自然之中，当观赏一件赏心悦目的艺术品时，当沉醉于载歌载舞的丰收欢庆晚会时，一种奇妙的美感便会从心中油然而生。然而，美起源于什么？美的本质又是什么？事物因何而美？美究竟是主观的还是客观的？古今中外的哲学家、美学家都试图给出确切含义，但至今还没有一个学术上的标准答案。

主流观点认为，美是纯主观的，根本就不具有客观性。我国儒家经典作品——《礼记》有云："美恶皆在心中。"18 世纪英国唯心主义经验美学的代表休谟说："美并不是事物本身的一种性质，它只存在于观赏者的心里，每一个人心里见出一种不同的美。"我国美的主观论的代表高尔泰这样来说明美的主观性：大自然给予蛤蟆的，比之给予黄莺和蝴蝶的，并不少什么，但是蛤蟆并没有黄莺和蝴蝶所具有的那种'美'，是人觉得它不美。"在这个例子中，充分显现出了美的主观性。

通俗一点说，美是人们的一种感觉，那种认为"美是事物的本质属性"的观点十分荒谬。不管是日夜星辰、山川河流、天鹅、蛤蟆，还是卢浮宫，他们的存在只是一种状态，这种存在的状态并不添加上天的主观色彩，只是感觉这种存在状态的人，自作主张地认为是美是丑，对于这种美与丑一旦取得一致，就毫不犹豫地认为这种一致是事物的固有特性。蝴蝶鲜艳，又能翩翩起舞，所以就是美；蛤蟆皮肤暗淡、粗糙，而且有毒，所以就是丑。实际上，蛤蟆的肤色及毒腺对它来说再适合不过了，但人类没有从蛤蟆的角度去审定它是否为美。法国的卢浮宫（见图 1-10）是人为修建的，也许人们认为它有人为的主观色彩，是人类追求美的杰作。的确，人类能把自己认为是美的形状、色彩，通过自己的劳动创造出来。卢浮宫被人为修建的形状是人类的自我陶醉，并不能说明卢浮宫的美就是它的自然属性。在自然界，这种人类劳动创造与乌鸦搭巢毫无二分，都是一种存在的状态。

图 1-10　法国卢浮宫外观

无可否认，美的载体是客观的，就是说人类对卢浮宫产生的感觉是以其存在为物质基础，刺激大脑做出美与丑的判断。换句话说，卢浮宫的存在与人感觉到的美没有必然的联系，卢浮宫的客观的形状不以人的意识为转移，然而它形状的美丑则是人类的主观感觉。狄得罗说过，“在有的人眼中，卢浮宫不美也不丑，或者是丑的”。有人说美感是客观美的主观反映，这里的“客观美”应理解为感觉客观的美，因为意识是客观事物的主观反映，美感属于意识，即“美感是客观事物的主观反映”，所以美与客观性无关。

在美的本质争论中，还有美的统一论。我国美学大师朱光潜先生和李泽厚先生分别认为“美是主、客观的统一”和“社会性与客观性的统一”。两人的表述其实是一个意思，李泽厚先生所说的社会性，指的是人类社会，所能体现的只能是人的主观能动性，这实际上与主客观的统一如出一辙。美的统一论虽然在人们对美的经验认识的解释上似乎更合情理，但有一个值得怀疑的问题：认为美既不是主观的也不是客观的，但在具体的论述中，往往承认美既是主观的又是客观的，这当然给美的解释带来了方便，却违背了它自己的初衷。比如朱光潜先生在物我的统一的论述中说“我没入大自然，大自然没入我”或“物我交流物我同一”，大自然是否没入我只有大自然才知道，这纯粹是个人的审美感受，实际上是承认美的主观性。

统一论是对美的主、客观之争的一种逃避，美要么是主观的，要么是客观的，有没有第三种思辨存在的方式。同理还有美的实践论的观点："美是人的本质力量对象化"或者"劳动创造了美"，也是在逃避美的本质之争。实践论引入了"人化的自然"、"劳动创造了美"等观点，从实践的角度理解美，这是美学的一大创举，也是实践论显得合理的原因，并在一段时间内一定程度上统一了人们对美的认识。但是，所谓劳动创造了美，是美的实践论者机械地把"人的本质力量"和"对象化"强加给美，是对马克思著作的断章取义。马克思没有美学方面的专著，甚至没有对美的基本观点，他只认为美离不开人类。所谓的马克思对美的重要论述的出处是《1844 年经济学-哲学手稿》，在讲劳动异化中两次提到了美，分别是"劳动创造了美，却使劳动者成为畸形"和"……也能按美的规律来塑造物"。通观全文，那两句话所强调的是劳动和意识，说劳动创造了美是违背了马克思的本意的，也与马克思严谨的治学作风背道而驰。其实，实践论最想表达的是人在美的认识上的主观能动性，这倒是美的主观性的很好说明。

美确实离不开人类，这倒不是因为人类劳动创造了美，而是因为只有人类才拥有那复杂的意识——美的意识。所以美的本质问题应与劳动彻底决裂。这并非舍弃美的客观性，相反，只有这样才能使美的本质问题得到更好的讨论，达到主客观的统一。

4 美的特性

美具有客观性、社会性和形象性。

1）美的客观性

物质世界处处存在着美，其只能被实践着的审美主体感受到。在自然领域，浩瀚宇宙、日月星辰、风雨雷电、高山峻岭、江河湖海、树木花草、飞禽走兽，无论是经实践改造过的自然，还是未经实践改造过的自然，都有美的存在。在社会领域，从旧石器时代加工修饰、形态各异的石器、弓箭、陶器，

图 1-11　清代的剔红蝙蝠纹多福宝盒

到奴隶社会浑厚凝重的青铜器，到封建社会精巧美观的漆器（见图 1-11）、瓷器、编织品、金属器具，再到现代化生产基地、生活设施、琳琅满目的商品，都闪烁着美的感性光辉。

精神领域的美也是客观存在的。人们的心灵美实际上是对现实美的反映，是现实中人与人之间和谐关系的反映。而且，心灵美总是要体现在语言美、仪表美、行为美之中。艺术美也是现实美的反映，从来源上可以说它仍是客观的物质性的，但要经过艺术家审美这一中介，而后再借助于一定的物质载体、媒介转化为美的艺术存在，是艺术家审美心理、审美趣味、审美观念、审美理想的物化形式，在其现实存在上是客观的。

2）美的社会性

正如只有人类社会出现后才有善一样，美是人类社会出现后才有的，它根源于人类的社会实践。自然美也不例外，没有人类社会实践对自然的认识和改造，就没有自然之美。太阳因它给予人类以光明、热量，大地因它给予人类以生息、繁衍，因而是美的。老鼠、苍蝇、蛔虫与人为害，因而是丑的。可见，自然美的社会性是人类实践赋予的，是人类社会的产物，社会美的社会性更是不言而喻了。

随着实践拓展的深入，自然与人类的联系日益密切，自然物除了它的物质功利性之外，还可以作为休息、观赏、游戏的对象，进而可以作为愉悦性情的对象，这样就有了有益于人类精神生活的功利性。像山花野草这些没有或很少物质功利性的东西也成为人们审美的对象，比如蝴蝶的舞姿；甚至连一些在物质方面对人类有害的东西，在某些方面、属性能启迪人的智慧和引起精神上愉悦，也可以成为人们的审美对象，如老鼠的机灵。

3）美的形象性

美作为客观物质的社会存在，它是可感的、具体的、形象的。美的形象，一方面在于它的内容的社会功利性，即有用、有利、有益于社会生活实践，是对实践的肯定，是一种价值；一方面在于它的质料和形式的合规律性，如对称、均衡、比例、和谐等，二者统一构成完整的形象。

自然中美的形象，作为合目的性和合规律性相统一的形式，是主体在它们身上看到自己的生活、看到求真向善的本质力量。否则，单纯的自然是不会有美的形象的，不会在人们的心灵中产生宁静的或震撼的各种不同的审美感受。

社会中美的形象，作为合规律性和合目的性相统一的形式，比如人类的生产活动及其产品，是为人类的需要和目的服务的，它们应该是合目的性的；它们满足人类需要，实现人类目的，又因为它们符合客观规律，是合规律性的。

艺术美的形象是艺术家依据自己的审美理想来精心选择、提炼、加工而成的，它比现实美的形象更集中、更典型。从内容上看，外在的现实生活内容经过艺术家内在心灵生活内容的过滤而物化为客观的艺术美的形象内容，因而它已失去了直接物质功利性，仅是一种普泛的精神功利性。从形式上看，艺术美的形象形式虽然是来自现实美的形象的形式，但是这种形式本身不再是直接表现某种现实生活内容的感性形式，而是一种形式美，一种失去对物质功利性直接依存性的、积淀着某种意味的形式。因此，艺术美的形象内容和形式统一的反映，是艺术家的心灵创造的，因而能使这观念性内容和形式相互渗透、通体融贯，达到高度和谐的统一。

比如，傣族人把孔雀作为自己民族精神的象征，孔雀舞是傣族代表性的舞蹈。由于历代民间艺术人的精心创造，形成了各具特色，不同流派的孔雀舞。女性的温柔、美丽，更使孔雀舞增加了独特的韵味和魅力，其中著名舞蹈家杨丽萍表演的孔雀舞（见图 1-12）在国内外都享有盛誉。

图 1-12　中国舞蹈家杨丽萍和她的孔雀舞

1.2 美感和审美

审美感受的心理形式/美感的本质特征

1 审美感受的心理形式

1）感觉

审美感受产生于审美主体与审美对象的相互作用中。

我们知道，感觉是人的一切认知活动的基础，是客观事物在人的头脑中的主观映象。客观事物自身具有多种多样的感性状貌，如各种色彩、声音、形状、硬度、温度等。感觉就是对事物的这些个别属性的反映。列宁说："不通过感觉，我们就不能知道物质的任何形式，也不能知道运动的任何形式。"审美感受和其他形式的认知活动一样，必须以对审美对象的感觉为基础：只有通过感觉，审美主体把握了审美对象的各种感性状貌，才可能引起审美感受。审美感受中其他一切更高级、更复杂的心理现象，如知觉、想象、情感、思维等，都是在通过感觉所获得的感性材料的基础上产生的。

关于感觉在美感中所占的地位，美学家们有很大的争论。快乐派的美学（格兰·阿伦、马歇尔等人）强调感觉的苦乐因素在美感中的作用。形式派（洛絮·佛莱）则坚决否认这一点。实际上，感觉因素在审美感受中能够起到一定作用，这种作用与生理快感的关系比较密切。实验美学的材料证明，对单纯颜色可以有愉快或不快的不同感觉，如红色与绿色对视神经的刺激反应便很不一样，并随年龄、性别等而有所差异。这些无疑在审美中将起一定作用。但是不能过分夸大这一联系。感觉的生理快感因素在美感中的作用是相当次要的。即使同一对象（如色彩）所引起的愉快，也应慎重地区别其中的快感和美感的不同因素。在审美中，某个色调、音调的感觉所以有愉快与不快，某种质料（如木、石、水墨冰彩）所以具有不同的感觉特色，不是单纯的生理感受所造就的。

在各种感官中，主要是视、听两种器官发展成为审美的官能，可以看出审美活动具有不同于低级生理感觉的理性性质。心理学证明，只有视觉、听觉而失去触觉、味觉（特别是触觉）时，对象似乎是一种只可理解而不能肯定的虚幻的存在，即缺乏一种对世界的最直接的感性经验的确证（儿童最初是以触觉来感知和认识世界的）。但如光有触、味、嗅觉而失去视、听（特别是视觉），如果不凭借教育（思想语言）的帮助，对象则变得混浊一片而不可理解了。车尔尼雪夫斯基说："视觉不仅是眼睛的事情，谁都知道，理智的记忆和思考总是伴随着视觉，而思考则总是以实体来填补呈现在眼前的空洞的形式。人能够看见运动的事物，但是眼睛本身是看不见运动的；人能够看见远处的事物，但是眼睛本身看不见远处；同样，人看见实体的事物，而眼睛看到的只是事物的空洞的、非实体的外表。"触、味、嗅觉感受的对象范围较狭小，往往引起直接的生理反应，更多地与对世界的感性认识有关，而视觉、听觉的感受范围则更为广泛，有着更大概括的可能，从而更多地与对世界的理性认识有关，与人的高级心理、精神活动有关，它们具有更多的理解的功能，具有更明显的社会特点，更善于去把握、反映客观世界的本质，以达到更深入的认识。

虽然视听感觉是审美中最主要的，但其他的感觉和分析器官也仍然具有一定的作用。例如，在欣赏自然风景时的嗅觉、温觉，在欣赏雕塑绘画时的触觉分析器官等，仍在不自觉中起作用。此外，其他感觉在视觉、听觉的帮助下，也可以形成审美感受。例如，将祖国土地的依傍，对家乡泉水的品尝，都是在视听感觉和想象、理解的帮助下，得以产生的某种审美感受。

2）知觉

在日常生活及产品操作中，知觉对来自感觉的信息综合处理后，对产品及其操作做出整体的理解、判断或形成经验。

人的审美感受，总要以知觉的形式反映客观事物。也就是说，客观事物是作为整体反映在审美主体意识之中的。人通过大脑的作用，依靠多种分析器的共同参与，才能够反映客观对象多种多样的特征和属性，并产生综合的、完整的知觉。比如在文学作品的欣赏中，虽然对文字的视知觉所占的地位并不重要，但是文学形象所激起的美感却是建筑在回忆的表象的基础之上的，而表象实质上又是知觉在记忆中概括的保留和复现。因此，从这个意义上说，审美感受始终脱离不开知觉因素。

人的知觉，是在社会条件的直接作用和影响之下形成的。在某种程度上，知觉需要由以往的知识、经验来补充。不同的人对于同一对象的知觉往往是不同的，甚至同一个人在不同时间地点的条件下，由于主观情绪状态的差异变化，对于同一对象的知觉也可能是不一样的。例如“青纱帐”，在战争环境里与在和平环境里，人们对它的感知就不一定相同。因此，人的知觉就不再是对自然环境被动的生理适应，而是对社会环境的能动反映。有目的有意识的、比较持久的对客观对象的知觉，便是观察。

因为客观事物无比丰富，人总是经过识别有选择地以少数事物或事物的某些方面作为知觉对象，对它们知觉得格外清晰。这种选择性随着人们长期的经验和习惯固定下来，并经常处于不自觉的状态之中。审美中的知觉也具有特定的选择性，它经常抑制对于对象其他方面的反映，而突出地选择、感知对象的某一个方面。在审美中，知觉经常充分停留在对象本身上面，让对象本身的现实的感性形态获得充分的注意和观察，让对象的形体外貌、形式结构、色彩线条获得充分的揭示和暴露。所以，一个画家对一棵树的审美知觉，可以充满许多为常人所忽略的精细的形象内容（见图 1-13）。画幅所以需要有画框，戏剧所以需要有舞台，审美上的原因之一，便是为了让知觉能集中在对象的一个方面，把知觉的别的方面（如知觉到画幅不过是一块布，剧中人不过是演员扮演出来的）暂时抑制下去。初到一个陌生的地方，或者在很熟悉的地方突然换一个角度看景物，之所以有时也可以产生一种使自己觉得惊异的、新鲜的审美感受，原因也正由于知觉的有所选择。

图 1-13　高清木刻效果白桦树装饰画

3）联想

联想是在审美感受中的一种最常见的心理现象。审美感受中的所谓见景生情，就是指曾被一定对象引起过感情反应的审美主体，在类似的或相关的条件刺激下，回忆起过去有关的生活经验和思想感情，这是联想的一种表现形式。联想本身也具有多种形式，一般分为接近联想、类比联想和对比联想三种。它们在审美感受的想象活动中，都有着重要的作用。

接近联想是由于甲、乙两事物在空间或时间上的接近，在日常生活的经验中经常被联系在一起，形成巩固的条件反射，于是由甲联想及乙，而引起一定的情绪反应，如果认为“巴东三峡巫峡长，猿鸣三声泪沾裳”，是猿声触动了人的哀愁，而“两岸猿声啼不住”“风急天高猿啸哀”“寒猿暗鸟一时啼”则是人对自然的情绪的对象化，那么，可见引起社会的人的情绪的变化，或表现人的特定情绪状态，接近联想是起了特定作用的。

类比联想就是对一件事物的感受引起和该事物在性质上或形态上相似的事物的联想。例如，艺术作品中用暴风雨比喻革命，用雄鹰比喻战士，便都是运用了这种联想。暴风雨与革命本不相干，但人们在暴风雨的摧枯拉朽的气势中看到了与革命的类似之处，所以，诗人用暴风雨象征革命，人们觉得是合适的。在一般用语中，这种联想运用得很广泛（如风在叫，太阳出来了等）。审美感受中这种联想的特征，是它那由此及彼的推移，以感情为中介，从而具有更浓厚的情感的色调。

类比联想比接近联想有着远为广阔的领域，客观事物、现象间的各种奥妙的类似都可以成为这种联想的基础。例如，爱森斯坦等人谈到的色彩、声音、形体之间的各种联系，又如由感觉器官内在联系所形成的各种“联觉”：如视觉可以唤起触觉、温觉、听觉，高的声音与亮的光线或低声与黑暗的生理心理的内在联系等。正是这种种联想，大大扩充了审美感受中的知觉意义，使其感觉因素随着这种种想象而具备丰富的内容。因此，我们在对象的感性形态中就不是被动地、简单地只感到某种物质材料，如声音，形体、色彩，而是通过它们，也许可以说是间接地看到了更多的东西，感到更多的意义和价值。由于客观事物之间的这种类似常常是曲折隐蔽的，这种联想也就常常更为错综复杂，比起接近联想来，就具有更为广阔和不确定的性质，甚至是人们不一定能自觉意识得到的（例如红色的热烈激动、绿色的安详宁静；直线的坚硬感、曲线的柔和感等，人们习以为常而不自觉），它更多地依靠人们想象能力去感受它，去发现它。唐人“云想衣裳花想容”这样的诗句，可以当作类似联想的例证。

对比联想是一种由某一事物的感受引起和它相反特点的事物的联想。它是对不同对象对立关系的概括。在艺术中，形象的反衬就是对比联想的运用。

人在反映客观事物时，不仅感知当时直接作用于主体的事物，还能在头脑中创造出新的形象，即是没有直接感知过的事物的形象。这种特殊的心理能力，称为想象。

想象这种心理能力，不仅是人类在长期的劳动实践过程中逐步发生和发展起来的，而且与记忆有密切的联系。没有记忆就没有想象，想象凭借着记忆所供给的材料进行活动。它是在人的头脑中改造记忆中的表象而创造新形象的过程，也是过去经验中已经形成的那些暂时联系进行新的结合的过程，所以，它虽然具有很大的创造的性质，但实质上仍是对现实反映的一种特殊形式。人不能想象在客观世界中没有任何客观根据的事物。不管是人首蛇身或神话世界，都只是现实世界中的事物在头脑中的特殊的组合。想象具有形象的特点，并经常与人们实践活动中的一定的需要、愿望和情感相联系。

想象是一个具有广阔内容的心理范畴。但是艺术创作、艺术欣赏活动的想象，与科学的想象是有区别的。审美中的想象，包括观赏风景的各种审美活动中的想象，区别于工程设计等科学研究中的想象，是伴随着爱或憎等等情感、与情感互相作用着的。例如杜甫的《对雪》中的名句，“瓢弃樽无渌，炉存火似红”，瓢里没有酒且不说，分明没有火而又觉得炉中似乎有火，这种幻觉的产生，是诗人发挥想象的结果。而这种想象活动的引起，既与他的记忆相联系，也是此时此地的诗人感到孤独和贫困的情绪状态所促成的。

按照想象内容的独立性、新颖性和创造性的不同，前人把想象分为再造性想象和创造性想象两类。再造性想象是主体在经验记忆的基础上，在头脑中再现出客观事物的表象。创造性的想象则不只是再现现成事物，而能创造出新的形象。不论是艺术创作还是艺术欣赏，一切审美活动总需要有所发现，有所增添，才能产生新鲜的愉快的感受，所以它经常总是既熟悉又不熟悉的，也就是再造性想象与创造性想象的结合和统一。

人们的联想和想象活动与他的生活教养、经验密切相关。各种形式的联想和想象是建立在人类特有的高级神经活动的基础上的，而其内容则是社会生活的复杂联系的能动的反映。联想和想象是能动的，却不是纯主观性的；是自由的，却不是任意性的。联想和想象，不论自觉或不自觉，总是受着客观对象本身的要求所规定和制约。它必然地指向一定的方向，这样才能达到对于对象的审美素质的真正把握。

想象在审美中具有重大作用，成为审美反映的枢纽。早在 18 世纪，即有美学家认为审美中感觉并不重要，“想象”的愉快才是审美的特征。当时的哲学家都注意过表象本身之间的各种联系，许多著名的作家艺术家对此也有过不少生动的表述。审美所以能使人透过对某种对象形式的知觉，直接去把握它的深刻的内容，产生认识与情感相统一的观照态度，主要是凭借和通过审美中想象活动来进行和实现的。

4）情感

审美感受的一个突出的特点，是它带有浓厚的情感因素。

情感是人对客观现实的一种特殊的反映形式，是人对客观事物是否符合自己的需要所作出的一种心理反应（感觉、知觉、记忆、思维等，都是对客观事物的一种认识活动）。与认识过程不同，情感和情绪不是对客观对象本身的反映，而是对对象与主体之间的某种关系的反应。所以它表现为对待客观对象的一定的主观（肯定或否定的）态度。这种态度与人的活动、需要、要求以至理想，亦即与人的利害有密切的联系。对象与主体需要的不同关系产生不同的情感，不同情感又驱使主体采取不同的活动，以符台主体的要求和需要。与动物的情绪不同，人的情感是社会历史的产物，具有社会的内容和社会的意义。情感和其他心理能力一样，是在人的长期劳动实践中产生和发展的，并且对实践起着反作用。列宁曾经说过：没有“人的情感”，就从来没有也不可能有人对真理的追求。

在审美活动中所产生的情感活动，有时也被称作审美快感；但这容易与生理快感混为一谈。生理快感不过是由生理欲望和冲动得到满足而引起的身心快适，它在本质上是物质性的，而不是精神性的。审美快感则是一种精神的愉悦，它要求的是所谓“赏心悦目”，而不是物质情欲的发泄。因此，它是人的一种高级的情感活动。

审美中的情感活动，以对审美对象的感知为基础。一般说来，主体的情感活动与对象的感性形式是密切联系着的。在审美中，审美对象引起的感觉、知觉、表象本身就带有一定的情感因素，而在知觉、表象基础上进行的想象活动，更推动情感活动的自由地扩展和抒发。所谓“登山则情满于山，观海则意溢干海”，就是对古人的审美中情感活动伴随对对象的感知而展开的描述。这也就是“情景交融”的境界。在我国古代的诗论和画论中，对于审美中的这种“情”与“景”的关系问题，有着大量的记述，并把它作为衡量艺术作品的艺术性的一条重要标准。“昔我往矣，杨柳依依；今我来思，雨雪霏霏。”——（《诗经·采薇》）在这短短四句诗中，杨柳飘飘与雨雪交加的情景，跟离乡远戍和凄凉归来的情交织在一起，读者从对杨柳和雨雪的描绘中，感受到诗人的情感的波动，不知不觉地进入诗的境界，深深受到诗情的感染。

审美情感虽然总的说来是从美的享受中得到的愉快，但其内容并不是单一的，而是依据审美对象内容的不同而引起不同的情感态度。悲剧所引起的快感与对剧中人物的情感态度（如同情等）不可分割，它与喜剧所引起的快感例如笑，在本质上便不相同。优美的抒情小调与雄壮的进行曲，其唤起的情感体验也有显著区别。

5）思维

在审美感受中，思维的地位与作用以及思维活动的形式如何，是一个有争论的问题，更是一个需要探讨的问题。

思维是一种在感觉、知觉、表象等感性认识基础上产生的理性认识活动，它是通过概念、判断、推理的形式对现实所作的概括反映。思维反映的不是客观事物的个别特征和外部联系，而是客观事物的内部联系。人们通过思维达到对事物本质的认识，因此，和感觉、知觉、表象等对客观事物的直接的感性反映比较，它是更深刻、更完全也可以说是更高级的反映。

思维在审美中是有着重大作用的。审美作为艺术地掌握现实的一种方式，即认识和反映现实的一种特殊的形式，具有一般认识功能，能够揭示客观事物的本质。

正是思维在审美中规范知觉、想象的趋向，使前者渗透融化于后者之中，人们才能不只是看到对象的感性形态自身，而且通过它获得了对生活的广阔的理解、认识，达到对对象的深刻把握；艺术家才能把许多个别的特殊的感觉材料集中、综合，概括为典型形象，揭示客观事物的本质特征，这样，审美感受才不是一种低级的感性知觉或一堆空幻的主观想象，而是富于深刻认识内容的对生活的能动反映。形式派美学家，像贝尔、洛絮·佛莱等人完全排斥概念的因素，强调对线条作纯粹形式的反应，认为只有这种反应才是真正的美感，说“对再现的任何贡献都是艺术的损失”等，实质上便把审美中丰富的现实内容剥夺掉，把审美的不可分割的各种因素抽象出来加以排除，把审美感受与人们的其他活动，特别是人们长期积累起来的认识成果和认识功能隔绝开，把审美感受空洞化和神秘化了。

但是，另一方面，又必须看到在审美中的思维活动的特点。这种特点从现象形态上看，表现为一种似乎是不经思索地直接达到对审美对象的理解。所谓理解，就是认识了事物的本质，它是认识过程的最终成果。当然，在这种直接性的形式下仍然进行着思维活动，不过在这里，思维是在生动的创造性的想象中不着痕迹地起着作用的。例如电影中的蒙太奇，爱森斯坦解释为："两个蒙太奇镜头的对列不是二数之和，而更像二数之积"，因为组成蒙太奇的画面本身具有比概念本身更为广阔的感性内容。人们在审美中常常并不自觉地意识到逻辑推理；而且，如果以一般的逻辑推理来替代审美反映所特有的这种具体的、感性的、形象的理解形式，便会丧失艺术的本质，也不免损害人们的审美愉快。

心理因素在审美感受过程中发生作用的机制，在心理学中还没有得到充分的研究。根据人类认识活动的总的规律来看，一般地说，在审美中，人们通过感觉感知审美对象，并在审美主体的一些主观条件的影响下将知觉专注于对象的感性、具体性的形态，使直接的感觉因素获得充分的兴奋，对象的这一方面获得了充分的注意，从而构成审美感受。但审美感受不单纯是一种感性的认识。审美主体往往结合感性的形象，通过想象和思维的相互作用，把感觉和知觉到的直观和表象，加以去粗取精、去伪存真、由此及彼、由表及里的改造制作功夫，既保留了现象中的具体性、鲜明性、生动性，又达到了深刻地反映和认识事物的本质，从而构成审美感受中的理性认识，由此而产生的一种特有的情感愉悦，进入了审美感受的高级状态，完成审美感受作为情与理相统一的心理功能。在这个审美认识的理性因素中，知觉、想象、思维的结果，不是以理论的形态给人以明确的概念（观点），而是始终没有脱离感性的形象性、具体性，是一种既有思维又有情感的反映和认识，是一种主动积极的感受，是导向实践激发人们行动的力量，是由于审美感受因经由知觉、想象对对象凝神专注而获得一种本质的认识，并由这种认识而产生一种情感上的满足和喜悦。

某些现代资产阶级美学家利用审美感受的复杂心理特征，片面地夸大和歪曲它的某些现象或某些环节，反对唯物主义反映论。它们总的特点是抹煞审美的伦理的功能和认识的作用，宣扬各种反理性主义和主观唯心主义。其中，比较有影响的资产阶级理论，主要是立普司的移情说和布洛的距离说。

（1）移情说。

立普司的移情说在利用审美感受的心理特征方面显得非常突出。他片面夸大审美感受中知觉想象与情感相一致的特点，作了一种形而上学的神秘解释。他把不脱离知觉的想象与情感的一致，解释成主观情感的"外射"。他认为，"向我们周围的现实（这个现实又并非客观物质世界，而只是形式，是所谓空间意象）灌入生命的活动"，伴随这活动便产生了审美的愉快感。所以，美感的根源不在对象，而在"自我"。美感的本质就是物我同一，"自我"的客观化，使对象与自我的"生命"合为一体，"审美的欣赏并非对于一个对象的欣赏，而是对一个自我（这个自我，据立普司的解释，是一种神秘的对象化了的客观人格，它不是实用中的自我，而是脱离开实用的“观照的自我”）的欣赏。”他夸张审美感受中情感因素的某些特征，把它说成是美感本质，把所谓“移情”看作是美的创造。这虽然在说明审美特征上有某些表面上的合理之处，但却在根本上是与唯物主义反映论相对立的。在这里，审美感受不是通过想象、思维从而产生的对客观现实的反映和认识，相反，倒变成是通过主观外射而成为审美对象的创造了。

立普司的追随者如浮龙李等人，用“内模仿”说对“移情”作一种生理学的经验解释，认为审美感受的情感来自身体组织对对象形式所作的内在的模仿运动。例如，对称的线形适合于对称的身体，引起对对象的内在器官的模仿，而产生审美愉快。这种理论不但抽掉了审美感受的情感特征中的社会阶级内容，而且对审美感受诸心理功能相统一所产生的愉快也作了庸俗化的肤浅理解。同时，不管是立普司还是浮龙李，始终不能解释为什么在审美活动中需要移情和移什么情的问题。于是，现代资产阶级一些美学家只好借助弗洛伊德关于性本能与死本能的心理动力，来补充移情说这个漏洞，将移情现象予以所谓“深层心理学”的解释，认为移情主要就是人需要性欲升华来补偿欲望，这反映了资产阶级美学的堕落。

（2）距离说。

布洛在 1903 年所发表的距离说，在资产阶级美学中一直享有盛名。布洛认为，“心理距离”是“审美意识的本质特征之一”，“距离是通过把对象及其所生的感受与一个人自己的自我分离开而得到的，是通过把对象放到实用的需要和目的的考虑之外而得到的”。距离不够便会与实用态度等同起来而失去审美特征，距离太过便会漠然无动于衷，也不能形成审美意识。布洛用距离来解释艺术的各种问题。在揭示审美感受的某些现象特征上，特别是在强调审美中知觉专注于对象的感性形态和通过想象、联想而引起的情感获有审美的特性这两点上，距离说接触到了某些问题。但是，用所谓“心理距离”来解释，却是非科学的。不但因为所谓心理距离是异常含混不清的东西，而且布洛完全排斥审美中功利和认识的因素，更是根本错误的。我们在前面已经论及，虽然审美中知觉专注在对象的感性形态这一方面，但并不是撇开其他方面；其他方面对美的感知，仍在审美中起作用。例如看风景画，固然集中注意在所画的如此逼真的风景形象上，但同时却仍然意识到这只是一张画。又如演员与角色的矛盾双重性等，都足以说明这一点。布洛却根本撇开了这一点，把审美中的知觉特征绝对化了。

布洛由此进而解释艺术与现实的美学关系，把艺术的审美感受的某些心理特征或现象当作艺术的本质和评价艺术的标准。例如，把所谓理想主义与写实主义说成是一个距离太远、一个太近，并以为艺术是由距离较大的幼年阶段（东方象征艺术、埃及法老肖像等）走向距离较小的繁荣阶段（希腊罗马）等，便都应用所谓“距离”尺度代替了具体的历史分析。这就不但把问题简单化、抽象化，而且抹煞了艺术的真正的社会本质和社会功能，抹煞了艺术发展的真正的客观历史规律和时代阶级特征。从心理科学的角度来看，所谓“心理距离”也是未经分析的含混概念。它没有充分的科学根据作为论点的合理的阐释，它对所提出的心理现象也并未作出心理学的严谨的分析。所以，距离说充其量只是对某些审美感受的现象作了片面的描述，它并不是一种有科学价值的本质的错误的学说。从美学和艺术学的角度来看，它是一种歪曲了艺术和审美的学说。

总之，一方面我们应该承认，审美心理活动是一个非常复杂的、尚未彻底搞清的问题，还要继续深入地进行研究。在这种研究中，应该充分利用和吸收现代心理学的科学成果。另一方面，我们也必须肯定，对审美心理的研究，只有在辩证唯物主义认识论的指导下，在对美的本质的唯物主义解释的前提下，才能得到真正的科学成果。

2　美感的本质特征

1）愉悦性

如果说美具有使生命主体愉快的功能，美感则是美的愉快功能的兑现。愉快性是美感最基本和最显著的特征。美感的愉快性与美的愉快性的最大区别在于美只是令审美主体愉快，自身并不感到愉快（如石头之美，其自身是无法感受的），而美感则是审美主体自身感到愉快。

关于美感的愉快性特征，古今中外论之者甚众。亚里士多德在《诗学》中分析逼真模仿的艺术美的美感反应时说：“事物本身看上去尽管引起痛感，但惟妙惟肖的图像看上去却能引起我们的快感。”他着力分析悲剧的美感效果是“通过恐惧和怜悯给我们一种它特别能给的快感”。在 17 世纪英国的爱笛生看来，“美立刻在想象里渗透一种内在的欣喜和满足”。18 世纪法国的伏尔泰认为：“要用‘美’这个词来称呼一件东西，这件东西就必须引起你的惊赞和快乐。”在康德看来，“一个判断的宾词若是‘美’，这就是表示我们在一个表象上感到某一种愉快，因而称该物是美”。黑格尔分析指出：“美的艺术用意在于引起情感，说得更确切一点，引起适合我们的那种情感，即快感。”

美感所带给人的情感快乐是人的精神生活不可或缺的追求，也是人在满足了实用需求之后锦上添花的追求。当然，对美感的乐感成分切忌作简单化的单一理解。在逼真地描写丑的题材的艺术作品和包含丑的元素的崇高、滑稽、悲剧、喜剧等现实美或艺术美的范畴所引起的审美反应中，也有痛感及不适、苦涩、压抑等类似的情感，然而，“这种感情立即和我们所能得到的满足混和在一起，形成一种混合的情感，一种带有苦味的愉快，一种肯定染上了痛苦色彩的快乐”。毫无疑问，在这种“混合的情感”中，乐感是占主导倾向的，它不仅决定了这种“混合的情感”是“美感”，而且决定了引起这种“混合情感”的对象是“美”，而不是“丑”。

但是否由此可以说，所有的乐感都是“美感”呢？汪济生将动物生命体特别是其高级形态的“人”的乐感分为三类，即机体觉快感、感官快感、中枢觉快感，认为所有的快感都属于对生命体有益的美感。他的许多论述是合理的，但他将所有的快感都等同于美感的观点未必正确。同样片面的观点还有，西方传统美学将美感局限在视听觉快感范围内的看法以及当代中国美学片面抬高理智快感、贬低甚至排斥感官快感与本能快感在美感中的地位。

那么，什么样的快感属于美感呢？美感作为对美的快乐反应，如果引起乐感的原因不具有“美”的相对独立的客观对象，不具备“美”的基本特征，就不能视之为美感。比如，求知的快感、做数学题的快感、读理论著作的快感、哲学思辨的快感、宗教信仰的快感等，因其引发快感的对象不具备“美”的形象性特征，不被大众普遍视为“美”，因而也以不视为“美感”为宜。只有诉诸五官愉快的五觉形式美产生的快乐和通过五觉形象中寄托的真善内涵引发的精神愉悦、中枢觉快感才是真正的“美感”。由此可见，“快乐并不能竭尽审美享受本质”。

内涵美引起的不同于感官快感的理性的、社会性的、带有形而上学的超越性质的精神愉悦属于美感，这是传统美学的基本观点，鲜有争议，无须多言。不过，笔者却认为它只不过是美感的一部分，属于满足审美主体心灵需要、令人咀嚼回味的深层美感。承认它并非意味着否定形式美引起的感官快感属于美感。恰恰相反，由五官对应的形式美引起的五觉快感也可视为美感。五觉快感与心觉愉快是美感的两大形态。五觉快感是美感的基本形态和必要形态，心觉快乐是美感的深层形态和高级形态。

（1）感官快感是否属于美感，或者说，美感是否包括生理快感？

长期以来，受心理高于生理、理性重于本能的传统人性观念的影响，美学界不敢公开承认美感包括感官的生理快感，或者明确将感官的生理快感从美感中剔除出去。如车尔尼雪夫斯基曾说："美感认识的根源无疑是在感性认识里面，但美感认识与感性认识毕竟有本质的区别。"叶朗认为："我们也赞同这种看法：美感是一种高级的精神愉悦，应该把它和生理快感加以区分。"但他同时又补充说："我们不要把生理快感和美感的这种区别加以绝对化。"但究竟怎样将感官的生理快感与美感加以"区分"又不"绝对化"，他却语焉不详。比如，某种视觉快感或味觉快感，它是否属于美感？在这种表述中找不到答案。其实，我们不必对"生理快感"、"官能快感"抱有先入为主的偏见。符合审美主体生命需要的五觉快感是审美对象形式对审美主体具有价值的依据，这种五官感觉的生理快感本身具有其价值，是应当公开肯定的。美食的可口、芳馨的沁人、山花的烂漫、音乐的曼妙、触感的舒适，诚然不附带任何理性的认识和联想，与真善的意蕴无关，但何尝不被世人普遍认可为一种美感，而且是最纯粹、最自由、最真实的美感？

（2）感官快感中是否只有视听觉感官的快感才属于美感，其他三觉感官的快感就不属于美感？

西方美学一向抬高视听觉感官的地位，把它们说成是"高等感官"、"认识性感官"（黑格尔），贬低味觉、嗅觉、触觉感官，将它们视为"低等感官"、"实践性感官"（黑格尔），进而否定味觉、嗅觉、触觉快感属于美感。在这种美学信条的指导下，一些中国学者也认为："视觉和听觉作为审美的感官成为审美感受的主要基础这一事实，说明美感具有感性与理性相统一的认识性质，是一种高级精神活动，而不是一种单纯的生理的快感。"

其实，如果说视听觉感官的感觉具有认识功能，味觉、嗅觉和肤觉感官的感觉何尝不具有？比如关于味觉的认识作用，美国学者考斯梅尔指出："饮食行为是一种意向性的活动，也就是说，它是一种指向某个对象的有意识的活动。""当我们品尝对象时，我们也是在了解世界"。关于嗅觉的认识作用，苏联心理学著作指出："对于盲聋的人……嗅觉获有非常的意义。嗅觉是他们从远处认出人和物的不多的手段之一。"关于触觉的认识作用，狄德罗曾指出："如果用练习的方法使触觉完美起来，那么触觉就可能成为比视听觉更敏锐的感觉……在盲人中间也可能有雕塑家，盲人也会抱着与我们相同的目的制造雕像……用手触摸雕像时所产生的那种感觉，要比观看雕像时所产生的视觉更加鲜明，我对这一点也并不觉得怀疑。”

因此，汪济生指出，“在低等动物，以及一些视、听觉有功能障碍的人的身上，味、嗅、肤觉的认识作用是很大的”，“在高等动物和五种感官正常的人身上，由于视、听觉在‘认识’能力上比前几种感官有了程度上的极大提高，使味、嗅、肤觉等感官的‘认识’功能在许多方面被取代了，或者更确切地说，是被局限到很狭窄的范围内和排挤到很不显眼的位置上”，但并不是说它不存在。只是五官感觉的这种理性认识功能在纯粹的五觉形式美的美感反应中几乎隐然不见了，而只看到五官作为“实践性感官”凭借其纯粹的感觉愉快在起作用。一方面，视、听觉具有的高贵的认识功能其他三觉也具有，但在五觉对象形式美的审美活动中几乎不发生作用；另一方面，其余三觉具有的物质性的感受功能、评判功能视、听觉也具有，而且在五觉对象形式美的审美活动中起主导作用。视、听觉快感游戏“绝不像人们历来所认为的那样，与味觉、嗅觉、肤觉游戏有着巨大的质的差别，恰恰相反，它在其单纯性和物质依凭性上，和味觉、嗅觉、肤觉游戏是完全一样的”。正如“纯味觉”只问食物的味道美不美，而不管是什么味、什么东西的味；“纯嗅觉”只问气味好不好闻，而不管是什么气味、什么东西的气味；“纯肤觉”只问皮肤舒服与否，而不问是从什么东西得来的感觉；同样，“纯视觉”可以只管对象好不好看，而不问对象是什么东西；“纯听觉”可以只管声音好不好听，而不问是什么东西的声音。可见，“五种感官”“在感应机制上是基本一致的，因而都是一定意义上的‘实践性感官’”，能够使人“体验”到五官面对的外界形式对感官是否“适宜”。因此，五官愉悦的快感均可理直气壮地明确划归为美感，而不需要忸忸怩怩、吞吞吐吐，犹抱琵琶半遮面。不如坦诚地承认：只要是对审美主体有价值的五官快感都属于美感。因而，审美不仅包含视、听鉴赏，还包含“品味”、“品香”等，美食家、品酒师、品香师何尝不是举世公认的审美鉴赏家。如图 1-14 所示为 VR 嗅觉设备 Nosulus Rift。

图 1-14 VR 嗅觉设备 Nosulus Rift

（3）所有的五觉快感是否都是美感？在五觉快感前要不要加上某种限定？

笔者认为，限定形式美是有价值的五官快感对象，而无价值的五官快感对象是丑而不是美，这就决定了在审美环节，美感是对生命主体来说有价值的五官快感。对待五官快感，既要反对过分苛刻和保守地将视听觉以外的感官快适逐出美感家园，也要杜绝将所有的五官快感都视为美感，而不加任何设防。倘若如此，过度的、有害的、无价值和反价值的快感就会作为神圣的美感被堂而皇之地加以追求，从而造成灾难性的后果。这方面，中国先秦典籍论之甚详。《尚书》便反对过分沉湎于感官快乐及其对应的事物的形式之美。《尚书·旅獒》指出："不役耳目，百度惟贞。玩人丧德，玩物丧志。志以道宁，言以道接。不作无益害有益，功乃成；不贵异物贱用物，民乃足。"即便是"耳目"快感及其喜好的"玩物"，也绝不可过度沉溺其中，不然就会"丧德"、"丧志"、有"害"而"无益"。足见过度的"耳目"快感绝不可称之为美感。

2）直觉性

所谓直觉性，是指美感判断为不假思索地直觉判断。美感的直觉性是由美的形象性所决定的。形象的美诉诸审美主体的直观，即便是内涵美，也以其寄托在某种特定形象首先作用于审美主体的感官，然后再因满足内在精神的需求而呈现为感觉的愉悦。五觉形式美直接作用于人的五官，因契合五官的生理需要而立刻引起五觉愉快，美感的直觉性特征相当明显。皎洁的明月、绚丽的朝霞、烂漫的山花、苍劲的古松，人们一见便会感到舒适。

中枢内涵美引起快感的原因虽然在于形式以外的真善意蕴，途经理智思考的中介，但由于对象中凝聚的内涵美源于审美主体的长期积淀，对这种内涵美的反应近乎本能性的条件反射，理智思考的中介环节是瞬间完成的，审美判断呈现出不假思索的直觉性。比如，“仰韶半坡彩陶的特点，是动物形象和动物纹样多，其中尤以鱼纹最普遍”（见图 1-15）。闻一多《说鱼》曾言，鱼在中国古代有生殖繁盛、多子多孙的祝福含义。仰韶时期半坡彩陶屡见的各种鱼纹，很有可能是因为“积淀”了远古原始社会“对氏族子孙‘瓜瓞绵绵’长久不绝的祝福”，而成为一种祥瑞的象征。这种由几千年民族文化积淀而成的美至今仍得到中华文化圈成员的普遍认可。再如，人们面对凯旋英雄胸前佩戴的大红花所产生的具有崇敬意味的美感，未尝有过丝毫思考的停顿。在这种美感活动中，理性认识是通过感性印象和具体形象的直接感受，不着痕迹地发挥作用的。

图 1-15　半坡彩陶器鱼形花纹

因而，人们通常看到的美是不依赖概念而作为一个普遍愉快的对象被表现出来的，“美是不凭概念而普遍令人愉快”的对象；美感显现为不凭概念、不假思索的直觉活动。值得特别说明的是，在形式美引起的五觉美感中，一如克罗齐所说，“直觉是离理智作用而独立自主的”。因而，如果非要在其中寻找什么理智元素，的确比较牵强。在内涵美引起的中枢美感中，“直觉”恰恰不是“离理智作用而独立自主的”，而是因“理智的作用”而感觉愉快的。对内涵美的美感虽然是在直觉中进行的，但其中却明显地存在一定的理性内容，只不过审美主体未曾明确意识到而已。因此，普列汉诺夫揭示：“审美的享受的主要特征是它的直接性。”关于美感的直觉性，西方美学不乏细致论析，中国古代美学也多有触及。宋代叶梦得在《石林诗话》中提出“无所用意”、“浑然天成”的追求：“‘池塘生春草，园柳变鸣禽。’世多不解此语为工，盖欲以奇求之耳。此语之工，正在无所用意，猝然与景相遇，不假绳削，故非常情所能到。”“古今论诗者多矣，吾独爱汤惠休称谢灵运为‘初日芙蕖’，沈约称王筠为‘弹丸脱手’两语最当人意。‘初日芙蕖’，非人力所能为，而精彩华妙之意，自然见于造化之妙，灵运诸诗可以当此者亦无几。‘弹丸脱手’，虽是输写便利，却无留碍，然其精圆快速，发之在手，筠亦未能尽也。”所谓“弹丸脱手”，即指审美直觉的迅捷性、直接性。中国古代美学与西方美学殊途同归，不约而同，充分印证直觉性乃美感活动之显著特征。

3）反应性

美感不同于人的意识反映活动，而是人的一种情感反应活动。从情感与外物的关系来看，情感是主体对外物的“反应”而非“反映”，是主体对外物自然的“评价”而非自觉的“意识”。人的意识的反映活动只是单纯的由物及我的客观认识活动，情感反应活动则是由物及我与由我及物的双向活动，既具有对外物属性的认识内容，又体现着不局限于外物属性的强烈主观态度。在情感中看不到客观世界的面目、本质和规律，不过，它包含着对外物属性的感觉和感受，间接地反映着客观世界的现象、本质和规律。透过具体的情感内容，我们可以清晰地看到情感所折射的客观世界的面影。《礼记·乐记》云：“凡音者，生人心者也。情动于中，故形于声，声成文，谓之音。是故治世之音安以乐，其政和。乱世之音怨以怒，其政乖。亡国之音哀以思，其民困。声音之道，与政通矣。”音乐所抒发的“安以乐”、“怨以怒”、“哀以思”的情感，间接地反映着时代政治状况，这是美感反应的客观性及其认识性（见图 1-16）。与此同时，由于审美主体的个性、心态不同，同一物象所引起的审美情感反应并不一定相同，这就叫作“境一而触境之人之心不一”（叶燮《黄叶村庄诗序》）。梁启超说：“山自山、川自川、春自春、秋自秋、风自风、月自月、花自花、鸟自鸟，万古不变，无地不同。然有百人于此，同受此山、此川、此春、此秋、此风、此月、此花、此鸟之感触，而其心境所现者百焉；千人同受此感触，而其心境所现者千焉；亿万人乃至无量数人同受此感触，而其心境所现者亿万焉，乃至无量数焉。……故曰：唯心所造之境为真实。”（《自由书·唯心》），这是美感反应活动的主观性和创造性。由此可见，主观的“反应”而不是客观的“反映”是美感的另一特征。

图 1-16　礼乐文化

所谓“反应”，是指有机生命体受到刺激而引起的相应感觉、情感活动。人受外界刺激而产生的情感反应主要有喜、怒、哀、乐、爱、恶等形态。其中，喜、乐、爱属于美感活动，怒、哀、恶属于丑感活动。情感反应的心理机制是反射活动，可分为无条件反射与条件反射两种，两者分别对应形式美与内涵美两种美的形态。其中，五觉形式美的美感活动属于无条件反射，中枢内涵美的美感活动属于条件反射。

（1）第一级反射。

无条件反射，又称“第一级反射”，系由味觉、嗅觉、视觉、听觉、触觉的愉快对象引起的五觉快感，故称之为无条件反射。它是一种本能反射，由大脑皮层以下的神经中枢（如脑干、脊髓）完成，不需要意识和联想参与，主要成分是感觉和情感。五觉之所以感到愉快是因为五觉对象形式契合了五官的生理结构阈值。这种快感功能在人性中属于先天的，生而有之，正所谓“口之于味，有同嗜焉”，如望梅止渴、以甘为美等。五官对于直觉快感对象的形式美，会不由自主地趋近和追逐它们；而要避开它们，却需要有意识地控制才能做到。感官快感作为美感是一种比较初级的神经活动，为人和动物所共有。

（2）第二级反射。

条件反射，是指依赖后天习得的某种稳固的条件而产生的反射活动，分为“第二级反射”和“第三级反射”两种。“第二级反射”“和经典的巴甫诺夫条件反射相当，是第一级反射的延长，是由于某一事物、属性或行为方式与第一级反射的服务对象有着间接的关系而建立起来的反射系统”。对某些具有特定功利内涵的物象美的审美活动就属于二级反射活动。例如，“望梅止渴”，是说多次吃过梅子的人一看到梅子时，即便尚未品尝也会不自觉地流口水。这就是在吃过梅子流口水的基础上才能完成的美感活动，因此是“条件反射”的。美学界曾经讨论过的审美中的“积淀”现象，其实就是建立在后天条件反射之上的美感反应。“由‘积淀’作用而形成的许多社会性历史性内容的审美趣味，以及其中大量存在的社会性历史性差异，其心理学机制正是条件反射。”“在二级反射中，条件刺激物和人的有直接好恶的事物之间的‘联系’是否正确、真实有必然性，并不重要。只要这种‘联系’在时空中曾经出现过，或者被一些占星家式的人物以让人不知其所以然的方式强调过就行。”

（3）第三级反射。

“第三级反射”，是指审美主体运用生活逻辑的推理和想象不假思索地预知到某个结果，从而产生相应的情感反应。比如，一位久旱盼雨的农民看到蜻蜓在水面上低飞就会产生愉快的美感。蜻蜓在水面上低飞预示将可能下雨，尽管他可能没有经历过，但这个道理早在农谚中流传千百年。依据生产、生活常识可以在这两者之间建立某种联系，而对蜻蜓在水面上低飞现象产生愉快的直觉反射。同时可见，第三级反射“主要指神经系统的理性活动”。

李泽厚指出：“第三级反射比第二级反射的高级之处，就在于它的反射行为方式和行为指令，与它所要解决的生命体的需要之间的联系是新建立的，是并不曾在现实中已经发生过的。因而这个反射的目的能否达到，这个反射行为方式与目的的联系是否正确，都需要在实行中验证。”汪济生进一步阐释道：“三级反射与二级反射又有密切关系。它是在大量的第二级反射建立的基础上，对这些二级反射的条件联系进行了比较，处理了许多条件联系中相互矛盾的东西，以想象力活动为触角和探针，找到了这些条件联系中一致的东西，也就是找到了真正与生命体所需要的东西有着因果关系的条件从而建立起来的。”值得说明的是，“语言就是凭着这一层次反射的结构而诞生的”。比如，“谈梅生津”，是指人没吃到也没看到而只是谈到“梅子”这个词语表示的概念就会流口水，就属于三级反射。文学是语言艺术、观念艺术，文学的审美活动基本上是以三级反射的方式进行的。“文学对于中枢部的魅力并不在文字的形式本身，而在这文字的内容，即这文字在人脑中所唤起的表象，以及这表象本身对人所具有的魅力。它主要表现为“悬念性、情节性、共鸣性”。其中，悬念是推动中枢思考、想象运动的推动力，情节是中枢思考、想象运动的载体，共鸣反映是一部文艺作品获得成功的美感效果的根本标志。

总之，建立在二级、三级反射机制之上的美感更加丰富，更加深刻，也更加耐人回味。

4）想象创造性

想象是一种认识，这种认识不仅能感知直接作用于主体的事物，而且还能在头脑中创造新的形象，这种创造新形象的能力，就是所谓想象创造性。美感的想象创造性主要表现在以下两个方面。

（1）美感的想象创造性体现在对唯一性的新形象的创造方面。

美感对感性世界的新的认识形式、新的意境的实现，具有不可重复的唯一性，正是创造性的本质。美感是对感性世界的特殊把握，而不是先前已有东西的简单重复，是真正名副其实的发现。

（2）美感的想象创造性还表现在对新颖意境的创造方面。

随着社会的不断发展，人的思想感情也是不断地发展变化的，因此美感中的想象创造性是没有止境的。

1.3 形式美

形式美的由来/形式美的构成/形式美的特征/形式美的法则

1 形式美的由来

探讨形式美法则，是所有设计学科共通的课题。在日常生活中，美是每一个人追求的精神享受。当接触任何一件有存在价值的事物时，这种共识是从人们长期生产、生活实践中积累的，它的依据就是客观存在的美的形式法则，称之为形式美法则。在人们的视觉经验中，高大的杉树、耸立的高楼大厦、巍峨的山峦尖峰等，它们的结构轮廓都是高耸的垂直线，因而垂直线在视觉形式上给人以上升、高大、威严等感受；而水平线则使人联系到地平线、一望无际的平原、风平浪静的大海等，因而产生开阔、徐缓、平静等感受。这些源于生活积累的共识，使人们逐渐发现了形式美的基本法则。

形式美是一种具有相对独立性的审美对象。它与美的形式之间有质的区别。美的形式是体现合规律性、合目的性的本质内容的那种自由的感性形式，也就是显示人的本质力量的感性形式。形式美与美的形式之间的重大区别表现在：首先，它们所体现的内容不同。美的形式所体现的是它所表现的那种事物本身的美的内容，是确定的、个别的、特定的、具体的，并且美的形式与其内容的关系是对立统一，不可分离的。而形式美则不然，形式美所体现的是形式本身所包容的内容，它与美的形式所要表现的那种事物美的内容是相脱离的，而单独呈现出形式所蕴有的朦胧、宽泛的意味。其次，形式美和美的形式存在方式不同。美的形式是美的有机统一体不可缺少的组成部分，是美的感性外观形态，而不是独立的审美对象。形式美是独立存在的审美对象，具有独立的审美特性。

形式美的构成因素一般划分为两大部分：一部分是构成形式美的感性质料，另一部分是构成形式美的感性质料之间的组合规律，或称构成规律、形式美法则。构成形式美的感性质料主要是色彩、形状、线条、声音等。如直线具有力量、稳定、生气、坚硬的意味；曲线具有柔和、流畅、轻婉、优美的意味；折线具有柔和、突然、转折的意味；正方形具有公正、大方、固执、刚劲等意味（见图 1-17）。三角形具有安定、平稳等意味（见图 1-18）；倒三角具有倾危、动荡、不安等意味。圆形具有柔和、完满、封闭等意味。把色彩、线条、形体、声音按照一定的构成规律组合起来，就形成色彩美、线条美、形体美、声音美等形式美。

构成形式美的感性质料组合规律，也即形式美的法则主要有齐一与参差、对称与平衡、比例与尺度、黄金分割律、主从与重点、过渡与照应、稳定与轻巧、节奏与韵律、渗透与层次、质感与肌理、调和与对比、多样与统一等。这些规律是人类在创造美的活动中不断地熟悉和掌握各种感性质料因素的特性，并对形式因素之间的联系进行抽象、概括而总结出来的。

图 1-17　直线与曲线

图 1-18　三角形桥梁

形式美具有独立的审美价值，但它决非纯粹自然的事物，而是会或多或少、或隐或显地表现这样或那样的某种朦胧的意味和人类情感观念，是因为它的形成和发展经历了漫长的社会实践和历史发展过程。这个过程是一个长期的包括心理、观念、情绪向形式的历史积淀。经过历史积淀的形式美，就成为一种植根于人类社会实践的“有意味的形式”。社会实践的历史积淀使形式所涵盖的社会生活内容渐渐凝结在构成形式美的感性材料及其组合规律上，事物的形式或美的形式就演变为独立存在的形式美。失去了具体社会内容制约的形式美，比其他形态的美更富于表现性、装饰性、抽象性、单纯性和象征性。在人类的历史上，在社会、自然、艺术、科学的各种领域中，普遍存在着美；虽然它们的表现形态，状貌、特征都不相同，但是，美的本质却是同一的。

基本上，美的形式可分为两种，一种是内在形式，它指创作者所想表现的真、善的内容；而另一种是外在形式，它与内容不直接相联系，指内在形式的感性外观形态（如材质、线条、色彩、气味、形状等）。

人类可以用肉眼观看到的美的对象，通常在外型上具有一定的特征，例如均衡、对称、比例、节奏、韵律、变化、一致等。

形式美的形成不是自然形成的，是由美的外在形式演变而来；其中包含着心理、观念和情绪等因素的沉淀及具体的社会内容的累积实践，经过长期重复、仿制，使原有的具体社会内容逐渐泛化成为某种观念内容，而美的外在形式即由此长期的过程，演变为一种规范化的形式，成为独立审美的对象。

形式美与美的外在形式都表达内容：美的外在形式虽然与美的内容不直接相关联，却总是体现着某种内容、意味，离开美的一定内容，它也就不是美的外在形式。形式美的内容，是形式本身所包含的某种意义，如红色表示热烈，绿色表示安静，白色表示纯洁；直线表示坚硬，曲线表示流动；方形表示刚劲，圆形表示柔和；整齐表示秩序，均衡表示稳定，变化表示活泼。

形式美与美的外在形式也有不同：形式美是独立的审美对象，而美的外在形式不是独立的审美对象；形式美包含的意义、意味，总是概括的普泛的，而美的外在形式所体现的意义、意味，总是与特定的内容相联系的。具体来说，形式美是单纯就形式本身来看，而美的外在形式是必须结合美的对象内容来看的。

1）和谐

宇宙万物，尽管形态千变万化，但它们都各按照一定的规律而存在，大到日月运行、星球活动，小到原子结构的组成和运动，都有各自的规律。爱因斯坦指出：宇宙本身就是和谐的。和谐的广义解释是：判断两种以上的要素，或部分与部分的相互关系时，各部分所给人们的感受和意识是一种整体协调的关系。和谐的狭义解释是统一与对比两者之间不是乏味单调或杂乱无章。单独的一种颜色、单独的一根线条无所谓和谐，几种要素具有基本的共通性和溶合性才称为和谐。比如一组协调的色块，一些排列有序的近似图形等。和谐的组合也保持部分的差异性，但当差异性表现为强烈和显著时，和谐的格局就向对比的格局转化。

2）对比

对比又称为对照，把反差很大的两个视觉要素成功地配列于一起，虽然使人感受到鲜明强烈的感触而仍具有统一感的现象称为对比，它能使主题更加鲜明，视觉效果更加活跃。对比关系主要通过视觉形象色调的明暗、冷暖，色彩的饱和与不饱和，色相的迥异（见图 1-19），形状的大小、粗细、长短、曲直、高矮、凹凸、宽窄、厚薄，方向的垂直、水平、倾斜，数量的多少，排列的疏密，位置的上下、左右、高低、远近，形态的虚实、黑白、轻重、动静、隐现、软硬、干湿等多方面的对立因素来达到的。它体现了哲学上矛盾统一的世界观。对比法则广泛应用在现代设计当中，具有很大的实用效果。

图 1-19　色相的对比

3）对称

自然界中到处可见对称的形式，如鸟类的羽翼、花木的叶子等。所以，对称的形态在视觉上有自然、安定、均匀、协调、整齐、典雅、庄重、完美的朴素美感，符合人们的视觉习惯。平面构图中的对称可分为点对称和轴对称。假定在某一图形的中央设一条直线，将图形划分为相等的两部分，如果两部分的形状完全相等，这个图形就是轴对称的图形，这条直线称为对称轴。假定针对某一图形，存在一个中心点，以此点为中心通过旋转得到相同的图形，即称为点对称。点对称又有向心的“求心对称”，离心的“发射对称”，旋转式的“旋转对称”，逆向组合的“逆对称”，以及自圆心逐层扩大的“同心圆对称”等。在平面构图中运用对称法则要避免由于过分的绝对对称而产生单调、呆板的感觉，有的时候，在整体对称的格局中加入一些不对称的因素，反而能增加构图版面的生动性和美感，避免了单调和呆板。

4）衡器

在衡器上两端承受的重量由一个支点支持，当双方获得力学上的平衡状态时，称为平衡。在平面构成设计上的平衡并非实际重量×力矩的均等关系，而是根据形象的大小、轻重、色彩及其他视觉要素的分布作用于视觉判断的平衡。平面构图上通常以视觉中心（视觉冲击最强的地方的中点）为支点，各构成要素以此支点保持视觉意义上的力度平衡。在实际生活中，平衡是动态的特征，如人体运动、鸟的飞翔、野兽的奔驰、风吹草动、流水激浪等都是平衡的形式，因而平衡的构成具有动态性。

5）比例

比例是部分与部分或部分与全体之间的数量关系。它是精确详密的比率概念。人们在长期的生产实践和生活活动中一直运用着比例关系，并以人体自身的尺度为中心，根据自身活动的方便总结出各种尺度标准，体现于衣食住行的器用和工具的制造中。比如早在古希腊就已被发现的至今为止全世界公认的黄金分割比 1：1．618 正是人眼的高宽视域之比。恰当的比例则有一种协调的美感，成为形式美法则的重要内容。美的比例是平面构图中一切视觉单位的大小，以及各单位间编排组合的重要因素。

6）重心

任何形体的重心位置都和视觉的安定有紧密的关系。色彩或明暗的分布等都可对视觉重心产生影响。

7）节奏

节奏本是指音乐中音响节拍轻重缓急的变化和重复。节奏这个具有时间感的用语在构成设计上是指以同一视觉要素连续重复时所产生的运动感。

8）韵律

韵律原指音乐（诗歌）的声韵和节奏。诗歌中音的高低、轻重、长短的组合，匀称的间歇或停顿，一定地位上相同音色的反复及句末、行末利用同韵同调的音相加以加强诗歌的音乐性和节奏感，就是韵律的运用。平面构成中单纯的单元组合重复易于单调，由有规则变化的形象或色群间以数比、等比处理排列，使之产生音乐、诗歌的旋律感，称为韵律。有韵律的构成具有积极的生气，有加强魅力的能量穿针引线。

9）联想

平面构图的画面通过视觉传达而产生联想，达到某种意境。联想是思维的延伸，它由一种事物延伸到另外一种事物上（见 1-20）。例如图形的色彩：红色使人感到温暖、热情、喜庆等；绿色则使人联想到大自然、生命、春天，从而使人产生平静感、生机感、春意，等等。各种视觉形象及其要素都会产生不同的联想与意境，由此而产生的图形的象征意义作为一种视觉语义的表达方法被广泛地运用在平面设计构图中。

图 1-20　以 UFO 飞碟为设计原始出发点的珠海航空新城规划展览馆

随着科技文化的发展，对美的形式法则的认识将不断深化。形式美法则不是僵死的教条，要灵活体会，灵活运用。

2　形式美的构成

形式美的构成，是指其感性质料，主要包括色彩、线条、形体和声音等。

1）色彩

色彩是人们视觉感官所能感知的空间性的美。它是形式美的重要因素，也是美感中最大众化的形式。

（1）色彩的生成。

研究表明，色彩是由波长不同的光照射而产生的。对人来说，只能接受波长在 390（紫色）到 780（红色）之间的电磁波，其余大部分的光波，人眼是无法感受到的。

1666 年，英国物理学家牛顿利用三棱镜的折射，将太阳光析解为包括红、黄、橙、绿、蓝、紫、青（靛）的七色光带，加上黑白两色，共为九色（见图 1-21）。红、黄、蓝是三种基本色，又称“三原色”，由它们之间的相互调和与渗透，可以调配出各种各样的色彩来。色彩还可分为对比色和近似色。对色彩的辨别是人们区别各种事物、认识客观世界的重要依据。而在艺术中，色彩还是绘画的重要表现手段。

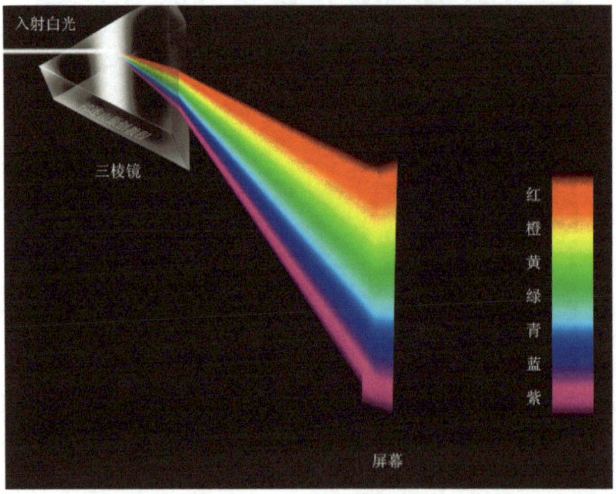

图 1-21　色彩的产生

（2）色彩能对人的生理、心理产生特有的视觉效果。

不同的色彩往往会给人以冷暖、轻重、宽窄、大小、厚薄、远近和动静等特异的感受。比如，红色、橙色和黄色具有热烈和温暖的感觉效果，属于暖色；而蓝色、绿色及紫色具有寒冷和沉静的感觉效果，属于冷色。有人做过试验，将同样温度的红与蓝的热水倒入两个杯中，让人用左右食指插入杯里，然后让其说出各自的感觉，所有实验者都说，红色热水要比蓝色热水的温度高。黑色、红色和橙色给人以重的感觉，而白色、绿色和蓝色则给人以轻的感觉。同一颜色，深色的会使人感到重，而浅色的会使人感到轻。据说，国外有家工厂，产品装在涂成黑色的包装箱内，工人搬运时感到十分吃力，后将包装箱改成浅绿色，工人搬运时感到轻松多了，工效有了明显提高。另外，深颜色具有收缩感，而浅颜色则有扩散感。法国国旗由蓝、白、红三条色带组成，本来三色的宽窄是相同的，可总让人感到蓝色带太宽，红色带太窄，后来他们对三条色带的宽窄作了调整，蓝色、白色和红色的比例为 30:33:37，这样看上去就觉得匀称了。再者，深颜色会使人在面积上感觉到比实际的要大、在厚度上比实际更厚，在距离上比实际更近，浅颜色使人对事物的感觉则比实际要小、薄和远。另外，黄色圆圈会显示从中心向外部扩张的动势，蓝色圆圈会造成向中心收缩的动势。色彩在不同光照下还可造成视觉错误。国外心理学家曾做过试验：在宴会上打开黄色灯光，菜肴呈现出鲜艳的色彩，用餐者食欲大增；如关掉黄灯，打开蓝色灯，这些菜好象顷刻就霉烂变质了，用餐者的食欲就会大减，甚至发生呕吐的现象。

（3）色彩可以引起人们不同的情绪和情感反应。

魏玛古典主义的代表歌德曾把色彩分为积极的和消极的两大类，也可称为主动的和被动的两大类。他认为，积极的色彩能使人产生一种奋发向上、努力进取和富有生命力的情感态度，消极的色彩则适合于表现不安、温柔和向往的情绪。国外就有一位这样的足球教练，他让人把队员赛间体息的更衣室涂成了蓝色，这样便造成了一种缓和轻松的气氛；而当他在临阵前要对队员作鼓励讲话时，则让队员走进涂成红色的接待室，以便造成振奋人心的情绪。

人们对色彩的感受往往带有很大的主观性。不同的民族、不同的地域以及每个人由于性别、年龄、职业、个性及气质的不同，会使其对色彩的喜好有明显的差异性。然而，由于民族心理、传统习俗的长期历史积淀，又往往使人们对色彩的情感反应具有某种共同性。

（4）色彩具有象征意义。

色彩之所以具有重要的审美特征，是因为与它的表情性相联系，通过联想性的作用，可以使色彩获得一定的象征意义。简单地说就是色彩具有表情性、联想性和象征性。比如，红色常常使人联想到欣欣向荣的春天，所以常用它来象征和平、青春和希望等。再比如，奥运会的会徽是在白色无边旗中绣着五只相套的彩色圆环（见图 1-22），其中每个

图 1-22　奥运会五环

圆环都有特定的象征意义：蓝色环代表欧洲，黄色环代表亚洲，绿色环代表澳洲，红色环代表美洲，黑色环代表非洲。

再来看一下不同的颜色所代表的表情性、联想性和象征性。我们看到，红色的表情性热烈和兴奋，联想性是火热和血液，那么延伸出来的象征性就是革命与进步；黄色的表情性为明朗和欢快，联想性是阳光和皇宫，象征性有奢华；同样，绿色代表着平静和安详，让人联想到的是植物，象征性为生命；还有蓝色的表情性是抑郁和悲哀，联想性是宁静和寥廓，象征性是朴素；黑色的表情性是沉重，联想性为地下和黑夜，象征性为黑暗；白色的表情性为平淡，联想性为纯洁，象征性有恐怖。

图 1-23　法国画家安格尔创作的《瓦尔松的浴女》

通过世界名画《瓦尔松的浴女》（见图 1-23），可以看一下色彩的形式美。色调明暗、冷暖的变化，半明半暗的光色，在浴女柔嫩的背部变化浮动着；绿色的帘子、白色的床单、白色带花的头巾安排在浴女的周围，成为陪衬，空间和浴巾等物的装饰，通过色彩关系和素描处理，显得十分和谐，因此，溢出一种特殊的美感。

2）形体

形体是物体存在的空间形式，它是构成形式美的重要因素。各种物体以自己具体可感的独特外在形态，展现为千姿百态的美的世界。物体的外在形态，包括自然形态和人造物形态两大系统。前者是自然界客观存在的各种外在形态，后者是人类利用一定的工具、材料制造出的产品的各种外在形态。如果单从物体形态的角度来说，人类的劳动实践都可以看成是造形活动。对物体的外在形态加以分解，则包括点、线、面、体这些基本元素，而它们各自又具有不同的审美特征。

（1）点。

点是形体（造形）要素中最基本的元素，在空间中起标明位置的作用。几何学中的点是一个没有长、宽、高和大小的抽象概念，而作为形式美的点，则具有大小，厚薄、规则和不规则等不同的类别，实际上是一个面。在可视的图形中，一个点有收敛、集中的效果，就如同“万绿丛中一点红”似的，可以将视线全部吸引过来，成为画面的焦点。

如图 1-24 所示的是一幅卡尔加里农贸市场平面广告，将作为主体宣传目标物的水果、鸡蛋以单个个体的形象放置在版面中轴线位置偏中央上，以此手段来突出产品。

图 1-24　卡尔加里农贸市场平面广告

（2）线。

线是点的运动的轨迹，起贯穿空间的作用。线条作为形体构成的基本符号而具有重要审美价值。可以说，线条美是一切造型美的基础，是形体造型中形式美的基本符号。物体的轮廓是由线来表示的，各种物质产品的造型设计，都是靠一条线的往返形成的，而这条线就是所谓的造型的基准线。它的流动、起伏、波折、停顿、平行、垂直、倾向等，往往决定了产品的基本结构和风貌。

在现实生活中，有各种各样的线，而线的基本形态不外乎直线、曲线和折线三种。直线一般的表情效果是刚毅、挺拔、正直、稳定等，但有时也会给人呆板、僵硬的感觉，常常用来象征男人的性格，创造阳刚的美象；曲线一般的表情效果是优美、柔和、轻盈、典雅、流畅等，有时也给人柔弱、轻浮的感觉，常用来象征女人的性格，创造阴柔的美象；折线实际上是直线的转折，一般表现为运动过程中的起伏、升降、进退和突破，给人一种动态感、方向感和灵巧感，有时也给人紧张、倾倒的感觉。

如图 1-25 所示是一幅韩国 LOOK 养乐多塑身减肥饮料广告，斜线带给人狭长的感觉，几乎布满版面，与广告版面中的窈窕女性形象和饮料瓶本身的包装元素呼应，进一步强化了该饮料所能达到的塑身效果。

图 1-25　韩国 LOOK 养乐多塑身减肥饮料广告

（3）面。

面，又称为平面形，是位于同一平面内轮廓线固定不变的物体的形状，起分割空间的作用。人们感知某一物体的形状，主要的依据就是所观察到的面。人们通常所说的三原形——方、圆、三角形，指的就是物体的平面形。圆形或者由圆形演化而来的图形，比如在画面中所给出的年轮的图片及光碟的圆形，给人的感受是柔韧、温和、充实、丰满而富有弹性，还有自我满足、周而复始的意味，因而是一种阴柔的美。

方形或者由方形演化而来的图形，给人的感受是方正、平实、刚劲、安稳和拘谨、固执等，因而是一种阳刚的美。从画面中给出的几张方形图片可以看出，方形给人的感觉就是方正、刚劲、安稳。

圆形美和方形美交错使用，可收到刚柔相济、相得益彰之妙。三角形有各种形态，对人的心理往往产生不同的情绪感应。比如，立三角形表现的稳定、庄重、崇高以至永恒；倒三角形表示的是动荡、不安和倾危；斜三角形则表示方向和前进等。

如图 1-26 所示是一幅某品牌纸巾广告，倾倒在桌面上的牛奶、饮料在视觉上形成随机的偶然面块。瓶子与牛奶、杯子与饮料形成向下 45°的角度，自然地引导了读者的视线集中在手中的纸巾上；将倾倒在桌面上的牛奶、饮料形成随机的偶然面块当作画布，把卷握起来的纸巾在上面随意移动形成的清晰的、美妙的图案，反映出纸巾强大的吸水效果。

图 1-26　某品牌纸巾广告

（4）体。

体，或者称为立体形，它是点、线、面的有机组合，有占据空间的作用。体和面的关系最为密切，物体的空间存在形式就是先由点延长而成线，再由一维的线围绕而成二维的面，再由二维的面的移动、堆积、旋转成为三维的体。人们观察任何物质实体，直接作用于视觉的总是面，但是，凭以往的经验，或者凭借不同的角度和方位的观察，却可感知或确定整个物体的形状。

体可以分为球体、方体和锥体，即相当于圆形、方形和三角形，它们的视觉效果和心理反应也大致相同，只不过显得更具体、更强烈罢了。体如果以体量的表情效果来衡量，则厚的体量有敦厚、结实之感，薄的体量有轻盈、秀丽之感。

在加拿大安大略省约克区的纽马基特镇，建筑事务所 Atelier Kastelic Buffey 在公共空间安置了一个简单、全黑的立方体“Story Pod”，它是一个开放式的阅读空间和图书交换场所。这个紧邻滨河步道的公共空间以优美的环境吸引着周围的人们，而这个宁静沉稳的设计又与周围环境相得益彰，更增添此处的吸引力，又或与游人不期而遇，送出惊喜。

图 1-27　白天的 Story Pod 像一本被翻开的书籍

白天，两边的木墙各向两边展开，正如同一本被翻开的书籍，张开怀抱欢迎人们聚集于此（见图 1-27）。人们就地阅读感兴趣的书籍，亦可带走自己喜欢的，留下自己拥有的，又或者什么也不做，就在座位上休息一阵。

图 1-28　夜晚的 Story Pod 像个灯笼

到了夜晚，当两边的木墙被合起来，它就像个灯笼，高效节能的 LED 灯光透过纵向板条照亮周围，为夜市和社区活动创建氛围，这些灯光由屋顶上颇为隐蔽的太阳能电池板提供电力（见图 1-28）。

3）声音

声音又称音响，是由人的听觉器官所感知的时间性的美。人们通过不同的声音，大致可以判断出物体的类别、体量和所处的方位。在现实世界中很多事物都能发出声音，有的声音是无规律而嘈杂的，称为噪声，有的声音是有规律而和谐的，称为乐音。噪声往往会使人烦躁不安，影响人的健康和寿命，而乐音则悦耳动听，有益于身心健康。莺啭、虫吟、虎啸、猿啼、风吼、雷鸣、人喊、马嘶等，造成了复杂万端的自然音响，也使得我们所生活的这个世界显得如此喧腾热闹，充满勃勃生机。对自然音响的模仿，可以使人产生身临其境的感觉。

人耳可听声音频率范围大约在 20 ~ 20000Hz 之间，低于或超过这个范围的声音就不能接收。声音又分为了纯音和复合音。纯音是单个频率的声音，只有在实验室中经过人工控制才能得到。人们听到的声音，绝大多数是多种不同频率的纯音组成的复合音。对于人来说，适量的音量环境是 15 ~ 35BD，超过这个限度就会有损人的身心健康。由于声音是在时间中存在和运动的，所以，节奏和旋律就成了声音这一形式美的主要构成因素。

作为听觉艺术和表情艺术的音乐，它的基本表现手段就是节奏和旋律。节奏是旋律的骨干，也是作曲结构的基本因素。音乐的内容、体裁、风格、民族特征、时代特征等，都首先从旋律中表现出来。所以说，旋律是音乐的灵魂。声音的表情作用十分明显，它有着其他形式美因素和音乐以外的其他艺术门类所不及的优越性。古希腊人从他们当时流行的七种乐调中，分析出情感和情绪表现的差别，认为 E 调安定、D 调热烈、C 调和谐、B 调哀怨、A 调发扬、G 调浮躁、F 调低俗。这种分析不一定完全符合实际情况，但却说明了声音与情绪之间的密切关系。

一般情况下，高声显得高亢激昂，低音则显得凝重深沉，强音是振奋，轻音为柔和，急促的声音听起来比较紧张，舒缓的声音听起来比较舒坦，纯正的声音听起来悦耳动听，令人愉快，不纯的声音听起来嘈杂，令人难受。声音表现人的情感体验，的确是太丰富与复杂了。但是，声音的表情性并不是声音本身所具有的，我国晋代思想家嵇康认为，声音属于自然现象，声音的和谐是一种自然法则，与人的主观情感无关。古希腊哲学家赫拉克利特说："音乐混合不同音调的高音和低音、长音和短音，从而造成一个和谐的曲调。"声音作为形式美的构成因素具有相对的独立性。声音具有表情功能，是由于声音能引起人的情绪变化，引起人们相应的情感。

当前，随着现代科学技术的发展，社会上已经出现了色彩音乐和色彩音乐喷泉，前者将色彩和音乐结合在一起，后者将色彩、造型和音乐结合在一起，让视觉形象和听觉形象同时出现，开拓了人们的审美视野，将人们带进了一个有如童话般一样瑰丽的艺术天地。2015 年的米兰世博会的日本馆中的一大亮点便是日本团体实验室 teamLab 的最新交互装置《共存》(见图 1-29)。

作品的灵感来源于"日本稻田"，睡莲状的屏幕上投影映射出一片色彩斑斓的稻田。伴着虫鸣蛙声，绿油油的"水稻"不时摇曳起舞，一大片"锦鲤"跟随着你的步伐缓缓游弋，让人仿佛置身于夏夜的田野中。"我们的作品为人们打造出一个独立的空间，在这里似乎能感觉到自己在用指尖轻拂着水稻，teamLab 这样介绍道，"徜徉在其中，去感受大自然所想要表达的一切。"

馆中另外一个交互艺术作品《多样》也出自 teamLab 之手，一个可以 360° 全方位欣赏的"瀑布"(见图 1-30)。

（a）

（b）

图 1-29　《共存》的作品灵感来源于“日本稻田”

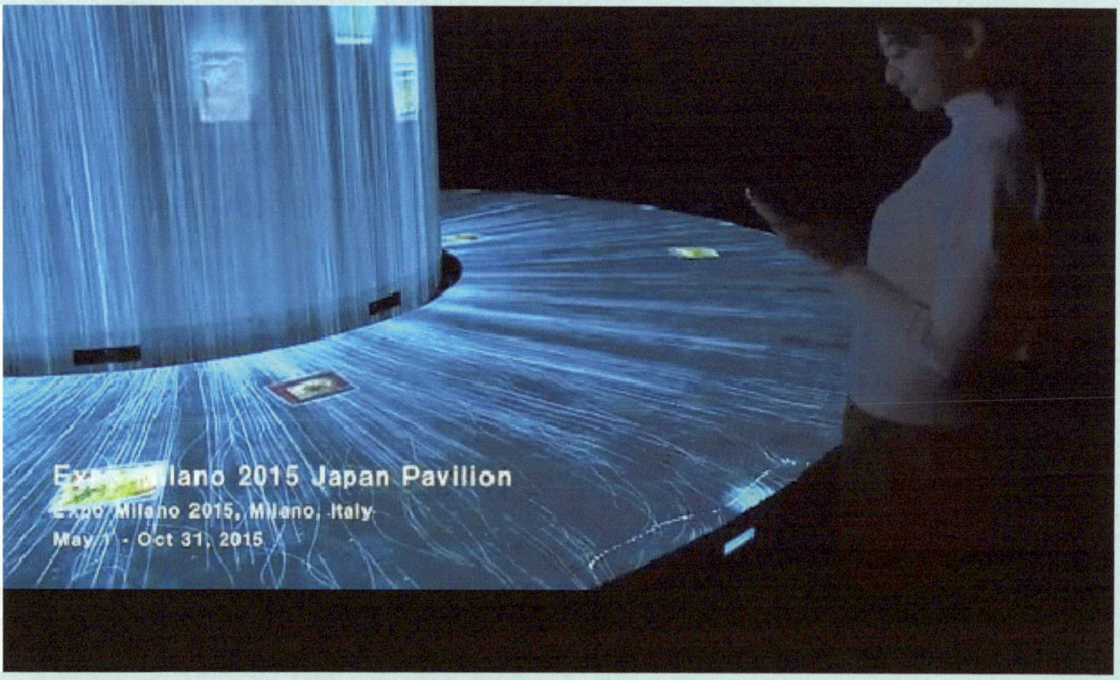

图 1-30　日本团体实验室最新交互装置《多样》

teamLab 成立于 2001 年，总部设立在东京，其涉足领域横跨动画、设计、新媒体等诸多领域，是一个势头强劲的超级技术团队，不仅创作具有实验性质的前沿新媒体作品，还可以为商业品牌、公共机构提供创意展示、宣传的方式。下面为 teamLab 另外 3 个最具代表性的作品。

[案例 1-01]《无序中的和谐》(2013 年)

在 2013 年的新加坡双年展上，teamLab 的互动性电子装置《无序中的和谐》带有浓厚的日本特色同时鬼魅异常，令人印象深刻。这一作品的灵感来源是日本一个名为阿波舞节的远古节日。在这个节日里，舞者组成的队伍演奏着音乐在城镇四处行进。每一个队伍都随性演奏自己喜欢的音乐，跳自己喜欢的舞。然而在整体上，这些不同的音乐会在整个城镇内形成平和的秩序（见图 1-31）。

图 1-31 《无序中的和谐》在新加坡双年展现场

《无序中的和谐》是一个互动型电子装置，包含了一组看似无尽的全息图。观众可以进入该装置并在内部走动。当有人走近人像时，它会对观赏者做出反应。装置中的人像也受其他人像的影响，通过这种方式作品和参观者能够融为一体。尽管每一位人像都各自演奏着音乐，由于互相影响，直到最后所有人演奏的音乐会有着相同的节奏，仿佛一个交响乐团一般浑然一体。《无序中的和谐》企图反映互联网时代中人们在没有规则的交流中彼此获得沟通和平静的可能性。

[案例 1-02]《螳螂捕蝉，黄雀在后》(2014 年)

8 只墨色乌鸦在色彩斑斓的空间中不断盘旋飞舞，飞行的轨迹在空中画出墨迹。画面中的空间时而被平面化处理，时而又被重构为立体世界。许多乌鸦追逐着其他乌鸦，又被其他乌鸦追逐着，它们在这个过程中死去，然后变成花朵。乌鸦飞行的轨迹就变成了空间中的墨迹（见图 1-32）。

图 1-32　《螳螂捕蝉，黄雀在后》的作品视频截图

[案例 1-03]《水粒子宇宙》(2014 年)

日本传统的自然观将河川、海洋视为自然中的生命体，也就是说，这种观察方法很容易使人产生自然与自身是没有境界的感觉。基于这种想法，teamLab 在虚拟的三次元空间中，以粒子的连续体来表示水的存在，同时藉由计算粒子之间的相互作用而在物理面上模拟出类似水的流动，并且在空间之中描绘出水作为“线”的流动、弹跳、甚至蒸发消失，以呈现日本传统绘画所强调的“主观世界中的具有生命气息的瀑布”（见图 1-33）。

图 1-33　《水粒子宇宙》作品系列之一的现场效果

3 形式美的特征

1）抽象性

抽象性是形式美的重要特征。形式美的抽象性，指的是它可以不依赖于具体的内容，一般只从抽象的形式中显现美。比如花的美，主要体现在抽象的形式中，即主要通过花的颜色和形态来显现。正因为如此，鲜花、塑料花、绢花、纸花，都因其自身缤纷的色彩和多姿的形态博得人们喜爱。

2）装饰性

形式美的装饰性，是指它较多地运用于对事物的装饰。一个事物如果没有形式美，虽然不会影响其内在的品质和整体美，但有了形式美，就会使该事物的整个面貌显得更美，收到锦上添花的效果。比如现在在报纸版面上常用的各种形式的装饰线，通过它们将一版报纸中的各部分内容分隔开来，这虽然对报纸的内容不会造成影响，但它能够使人们在阅读时更加愉悦。再比如在锦旗的下端镶上金穗等，这虽然也不会对锦旗所表现的内容造成影响，但是镶上了金穗之后，就会大大提高审美的效果。

3）单纯性

形式美的单纯性，指形式美的审美意义及它给人的审美感受往往是简明、单一的。在欣赏形式美的过程中，人们往往会忽视它所体现的事物的内在本质意义，忽视事物与人的功利关系，而只注意形式美所带来的单纯的情感。因此，在欣赏形式美的过程中，人们的审美心理一般不包含复杂的思想情感，只是包容比较单纯的情感。

4）独立性

形式美的独立性，指形式美具有相对独立的审美价值。形式美的独立审美价值主要有以下三种情况。

（1）形式胜于内容。

对于有些形式胜于内容的美的对象，人们通常把它作为形式美来欣赏。如某些巧夺天工的工艺品，京剧艺术中的服装、头饰、脸谱、桌围、椅帔和程式化的舞蹈动作，古典建筑的飞檐斗拱、雕龙描凤、装饰图案、玉石栏杆等。

（2）形式与内容相矛盾。

有些美的对象在内容和形式上存在矛盾，内容并不有益而形式却很完美。比如作为农作物害虫的蝴蝶，以及残害其他鸟类的天鹅等，常常从形式美的角度被当作美的化身；有些艺术作品思想格调并不高，但是形式工整、技巧精湛，比如我国南唐后主李煜的词，宋徽宗赵佶的绘画、书法等，人们对它们的喜爱，实质上是把它们作为形式美来欣赏。

（3）构成要素的形式美。

有些构成美的事物的自然物质材料，如色彩、线条、形体、声音等，本身就具有审美意义的属性。如七彩长虹的色彩美，青春少女的曲线、形体美，鸟鸣虫吟的声响美等，都是为人们所公认的。美国现代美学家乔治·桑塔耶纳说过："假如雅典娜的神殿巴特农不是大理石筑成，王冠不是黄金制造，星星没有火光，它们将是平淡无力的东西。"而当这些自然物质材料遵循美的法则进行组合排列时，就加强了它的形式美，因而给人的美感也更为强烈。

4 形式美的法则

色彩、形体和声音这些自然物质材料，它们本身虽然具有一定的审美特性，但是，要使其成为一种具有独立审美价值和意义的形式美，还有赖于这些形式因素合乎法则的组合。这些形式美法则，是人类按照美的规律进行美的创造和鉴赏的经验总结。它并不是凝固不变的，其发展有一个由简单到复杂、从低级到高级的历史过程。各种形式美法则之间，既有区别又有密切联系。一般而言，形式美的法则主要有整齐一律、对称与均衡、比例与尺度、节奏与韵律及多样与统一等几种，以下就对这几种主要的形式美法则加以说明。

1）整齐一律

整齐一律，又叫单纯齐一，是最基本的形式美原则，单纯指构成事物的要素，即外在定性只有一种，如一种色彩、一种形状、一个音调。齐一是指构成事物的局部各个部分尽管有许多，但它们没有任何变化，至少在宏观上是这样。也就是说，它是单一的、纯净的、重复的，不包含差异和对立的因素，给人一种秩序感。颜色、形体、声音的一致和重复，就会形成整齐一律的美。比如色彩中的某单一色，蔚蓝的天空，碧绿的湖面，清澈的泉水，明亮的阳光等，能使人产生明净、纯洁的感受（见图 1-34）。

图 1-34　画作色彩的齐一

齐一是一种整齐的美，如农民插秧，秧苗插得很整齐，保持一定的距离，首先是便于植物生长，同时在形式上也呈现出一种整齐的美。再如仪仗队的行列，士兵的身材、服装、敬礼动作都很一致，加上每个战士精神状态都高度集中，这些特征也表现出一种整齐的美。

另外，在珠宝首饰领域，许多造型也都是符合单纯整齐一律的，如高绿的翡翠、就其色彩而言，色彩越单纯、越逼近于正绿，也就越美、越具有价值。钻石要求完美无瑕，不能有任何斑点，其所追求的目标仍是单纯整齐一律的要求。从几何形态讲，符合整齐一律的有钻石、尖晶石的八面体。它们的外表由多个平面构成，但每个平面都是完全相同的，没有任何差异，表现了原始状态的浑然一体的美。

图 1-35　二方或多方连续花纹

反复是指同一形式连续出现，它也是属于“整齐”的范畴，反复是就局部的连续再现来说的，但就各个局部所结成的整体来看属整齐的美。比如我们常见的二方或多方连续的花边图案（见图 1-35），在反复中体现出一定的节奏感，也属于齐一的美。整齐一律的形式美能够给人一种质朴、纯净、明洁和清新的感受，但是缺少变化，容易流于单调、呆滞。

2）对称与均衡

对称与均衡是体现事物各部分之间组合关系的一种最普遍的形式美法则。比如人体结构、动植物结构和人类创造的物质产品，都是对称和均衡的（见图 1-36），我们可以将它看成是生命体的正常状态和物质产品生产的最一般的法则。

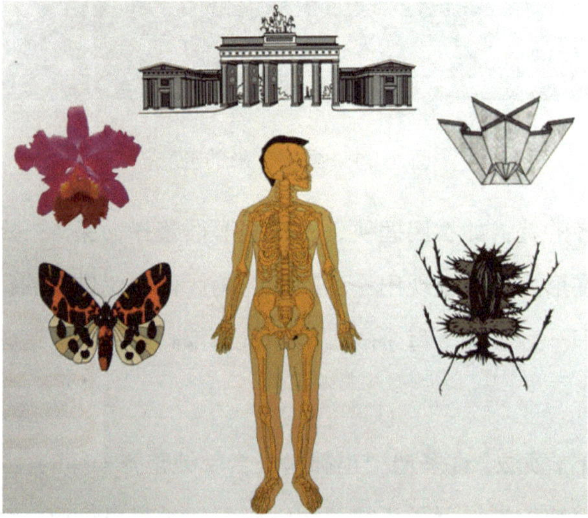

图 1-36　人体结构、动植物结构和人类创造的物质产品都是对称和均衡的

所谓对称，是指以一条线为中轴，将两个以上相同、相似的物体加以对偶性的排列组合。对称有左右对称、上下对称和辐射对称三种，其中左右对称是主要的。对称是同一和差异的结合。黑格尔指出："一致性与不一致性相组合，差异闯进这种单纯的同一里来破坏它，于是就产生平衡对称。"正常情况下，人体的眼、耳、鼻孔、手、脚都是左右对称的。植物的叶脉、花瓣的排列，也无不是对称的。还有我国的对联、古典诗歌和骈体文的语言形式美，对称是它们最重要的因素之一。

另外，北京故宫的建筑也表现出了非常突出的对称性。从天安门至神武门形成了一条南北中轴线，两旁的建筑都采取了严格的对称布局，天安门前的华表、金水桥，护城河上的角楼，以及各建筑物内部的细部构造、图案、装饰等，也都是对称的，其目的是为了突出主体建筑太和殿的中心地位，象征封建皇权的至高无上。对称有平衡、安稳、沉静的特性，这正反映了人们在实践中一种普遍性的生理和心理需求。

均衡是对称的一种变形，在静中趋向于动，表现出一种稳定中的动态美。所谓均衡，指的是左右或上下在形式上虽不对称，但在体量和力度上是均等的，而不致产生畸轻畸重、过大过小之感。均衡可分为天平式、杆秤式、跷跷板式三种。人体的内脏排列，有的虽不对称却保持均衡，各司其职又密切相关，从而使人们的躯体成为有机生命的统一体。均衡作为一种形式美法则，在建筑、盆景和产品设计、艺术创造中得到了广泛的应用。比如我们所知道的米开朗基罗的著名雕塑《垂死的奴隶》（见图 1-37），塑造的正是一个似乎在开始动作的奴隶形象。他左手托住后仰的头部，右手似乎想要挣脱身体上的缚带，整个动态呼应自然。另外还有许多国画的构图，也都体现均衡的规律。与对称相比，均衡显得有变化、较灵活自由，给人一种静中有动，统一而不呆板的感受。

图 1-37 米开朗基罗的著名雕塑《垂死的奴隶》

在实际的设计中，均衡比对称更容易实现，毕竟画面中完全对称的形态是不多的；对称是静止的形态，均衡则是将动态包含在其中，比较活泼生动；实际的构成和设计中，均衡有着更多的变化空间和形式，容易产生新的效果。

如图 1-38 所示的两张矶崎新的封面设计中，尽管用黑和白表现，但是充满了各种对比形式，包括规则和自然形态对比、虚实对比、文字和图形对比、圆和方的对比等。

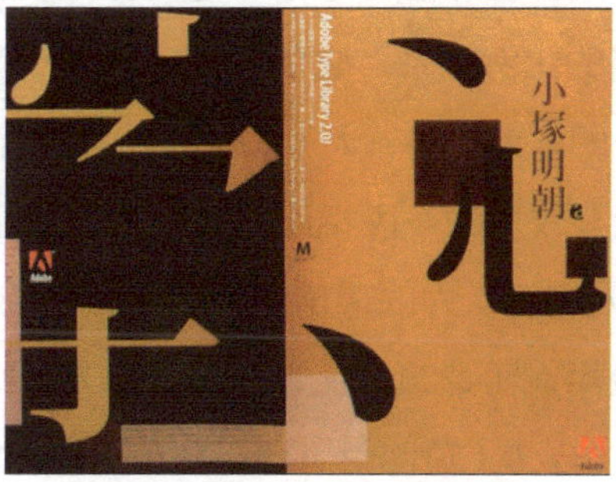

图 1-38 矶崎新的封面设计

有很多汉字是对称的，但在书写时故意造成不对称的动势。作为传统艺术，印章最讲究布白的匀称和变化（见图 1-39），但绝对对称的形式是很少见的。日文假名每个字都体现了这一特点（见图 1-40）。

图 1-39　印章

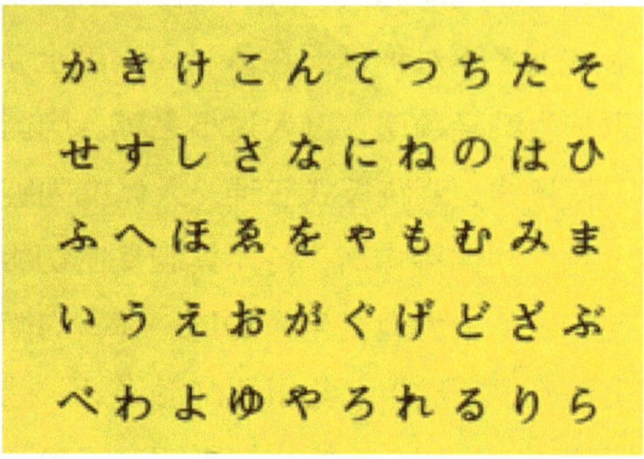

图 1-40　日文假名

3）比例与尺度

比例与尺度是体现物体各部分之间和主体与客体对象之间关系的一种较普遍的形式美法则。所谓比例，是指物体本身各部分之间或者部分与整体之间在大小、长短、粗细等方面的数量关系。

凡是处于正常状态的事物，各部分之间，部分与整体之间的比例关系都是合乎常规的。严重的比例失调，就会出现畸形，而畸形在形式上是丑的。比如侏儒，头大但身体小，就好像一个大人的头颅长在了小孩的身躯上，这种失常的比例就很丑。我国古代山水画有所谓的“丈山、尺树、寸马、分人”之说，人物画也有所谓的“立七、坐五、蹲三”之说，而画人的面部还要讲究“五配三匀”，这些都体现了景物之间以及人体结构、人体面部结构的合理比例关系。古希腊哲学家毕达哥拉斯提出黄金分割律，来说明客观事物中普遍存在的一种恰当的比例关系。它的具体内容是，事物的各部分中，大小之比等于大小之和与大者之比，即：大 / 小=(大+小) / 大。经计算，其比值为 1.618。也就是说，一件事物中较长的一段与较短的一段相比，如果其比值是 1.618 比 1，大致近似与 5 比 3 或 8 比 5，那么它就是人们所认为的最常见的一种合理的比例关系。黄金分割律后来为世人所公认，并广泛地应用在了建筑、工艺、绘画、雕塑、音乐、舞蹈等艺术的形式美创造中。比如米勒的《牧羊女》（见图 1-41），其在画的构图上就是符合黄金分割比例的，另外，建筑中的巴黎圣母院也符合黄金分割比例。这些作品因符合美的事物的常态而使人感到顺眼、舒服，成为了各自领域中的经典。

图 1-41 米勒《牧羊女》

蔡克金将黄金分割率运用于人体分析，他发现如以肚脐为界将公认匀称的人分成两部分，那么，上体从头顶到咽喉与从咽喉到肚脐之比，下体从肚脐到膝盖与从膝盖到脚板之比，恰好符合黄金分割率的比例关系。很显然，黄金分割率反映了人的正常发育和审美心态，人类以己推物，对它由习惯、确认而运用、创造，使它成了美的比例关系。黄金分割率是美的，但不可绝对化，比如饭桌、沙发和影剧院的大门，就不宜制成符合黄金分割率的矩形。因此，对于物质产品的生产，一定要考虑到物体本身的特性和实用目的。

所谓尺度，是以人的尺寸作为度量标准，对物体进行衡量，表示产品的形体大小与人的使用要求之间相适应的关系。简言之，尺度就是指产品与人之间的协调关系。因为一切物质产品都是供人使用的，所以它的大小尺寸要适合人的使用要求才是美的。尺度主要指体积而言，与比例有密切关系。例如，人们经常接触的机器的操纵手把、旋钮等，虽然产品不同，用途各异，使用者的生理条件和使用环境也不一样，但它们的绝对尺寸是固定的，必须适合人的操作，即使产品按比例放大或缩小，操纵手把和旋钮的大小尺寸仍不能变，否则就会造成不适应，影响产品的精美感。所以，产品造型要有合理的尺度，不能因追求比例的完美而影响使用要求。尺度和比例的协调统一，乃是取得造型形式美的基础。

4）节奏与韵律

节奏是指事物的运动过程或组合形式，呈现出有规律反复的状态。节奏既是自然界物质运动的富有规律性的表现方式，又是人类创造物质与精神文明成果所应遵循的法则。

世界上没有一样事物是没有节奏的：日出日没、四时代序，日作夜眠、一日三餐。郭沫若说："把心脏的鼓动和肺脏的呼吸，认为是节奏的起源，我觉得很鞭辟近里了。"

当外在环境的节奏与人的机体的律动相协调时，人的生理就会感到快适，并引起心理上的愉悦，反之就会感到烦躁不安。在人类的艺术活动中，节奏的表现更为明显、强烈。节奏是音乐、舞蹈和诗歌最重要的表现手段，有的音乐理论家甚至把节奏看成是音乐的本质。在建筑中，建筑群的层次变化，高低错落、疏密聚散，产生类似音乐中强弱、徐疾、浓淡的节奏感，所以建筑历来被称之为"凝固的音乐"。而俄国著名画家列宾的成名之作《伏尔加河上的纤夫》（见图 1-42）更是将这种节奏感表现的淋漓尽致。在画面中，众多的人物并列由右后向左前移动，画面中人物分为三组，形成由高到低、由低到高的交替错落，还有人物上方外轮廓出现的起伏线等，这些都产生了十分强烈的节奏感。

图 1-42　俄国画家列宾的作品《伏尔加河上的纤夫》

与节奏紧密联系的是韵律。韵律是在节奏的基础上形成的，但又比节奏的内涵丰富得多，是一种有规律的抑扬顿挫的变化，表现出一种特有的韵味和情趣。可以说，节奏是韵律的条件，韵律是节奏的深化。韵律一般可分连续韵律、渐变韵律、起伏韵律、交错韵律四种。我国的古典诗词，每个字有规定的平仄，每一句有规定的音韵，一首诗词有严谨的格律，律诗还讲究对仗的整饬，构成了诗的韵味。而诗贵含蓄，往往以极少量的字词包孕着丰富的含义。音乐、舞蹈、绘画、建筑以及产品设计，都讲究韵律。意大利杰出画家拉斐尔的《西斯廷圣母》（见图 1-43）就是富于韵律感的典范作品。从位于前景的衣着华丽的教皇开始，他右臂下垂的长袖连到最下方的小天使，小天使仰首注视的姿态，又把我们的视线引向位于明亮背景前的圣母，而圣母的披肩和长袍构成优美的反“S”形，飘起的下襟连到圣女身上，最后达到背后绿色的帷幔，整幅作品浑然一体，极富韵律感，让我们享受到了韵律的美。

图 1-43　意大利画家拉斐尔作品《西斯廷圣母》

5）多样与统一

多样与统一，或称协调、和谐，它是对上述的整齐一律、对称与均衡、比例与尺度及节奏与韵律等法则的集中概括和总体把握，是唯物辩证法最基本的规律，也就是对立统一规律在人类审美活动中的具体表现，所以，它是形式美法则的高级形态，或者说是形式美的总法则。

所谓多样，是指整体中所包含的各个部分在形式上的区别和差异性，前面所举各种法则都包含在这一形式美的总则中，成为其中的一个组成部分或者一个侧面，但是，如果单独出来，它们谁也不能成为多样与统一的法则。所谓统一，是指各个部分在形式上的某些共同特征及它们之间的某种关联、呼应、衬托、协调的关系，也就是说，各个部分都要服从整体的要求，为整体的和谐、一致服务。

多样与统一是相互联系，协调统一的。有多样而无统一，则会让人产生支离破碎、杂乱无章、缺乏整体的感觉；有统一而无多样，又会让人觉得刻板、单调和乏味，当然，美感也就难以持久了。多样中求统一，从统一中见多样，追求“不齐之齐”、“无秩序的秩序”，才能成就高度的形式美。多样与统一的法则是客观世界普遍存在的，体现了自然界对立统一的基本规律。

总之，多样与统一这两方面缺少任何一个方面，就不能成为自然界和人类社会，也创造不出富有艺术魅力的文艺作品。只有二者很好地结合，才能创造出优秀的作品。例如达芬奇的《最后的晚餐》，当耶稣说其中有一个门徒出卖了他的时候，十二个门徒的姿态和表情均不相同，极富变化，然而画家把他们三人一组地分置于耶稣两边，使处于明亮背景前的耶稣对统一画面起统摄作用，这样就很好地做到了多样与统一的结合。

一般情况下，多样与统一表现为两种基本形态：一是对比，二是调和。

所谓对比，指的是具有显著差异的形式因素的对立统一。比如色彩的浓与淡、冷与暖，光线的明与暗，线条的粗和细、直与曲，体积的大与小，声音的长与短、强与弱等，有规则地组合排列，就会相互对照、比较，形成变化，又相互映衬、协调一致。这种对立因素的统一，可收到相反相成、相得益彰的效果。色彩学上的对比色就是这个道理。如图 1-44 所示是林风眠所绘的《静物》，在这幅图中，直立的玻璃水壶和水平的鱼、黑与白、背景上的橙与绿，都存在鲜明的对比，而这样的对比使得整个画面具有很强的感染力，然而由于黑、白在画面中占主导作用，整个画面看起来又是非常和谐的。

图 1-44　林风眠的作品《静物》

对比可以拉开画面的反差，增强视觉刺激。具体如何安排，要根据画面的效果和传达意图的需要。对比的手法是很多的，应用的时候应以一种对比为主，否则画面会显得过于杂乱。

所谓调和，指的是没有显著差异的形式因素之间的对立统一。它只有量的区别，是一种渐变的协调，并不构成强烈的对比。如果说，对比是在差异中趋向于“异”，那么，调和则是在差异中趋向于“同”。以色彩为例，红与橙、橙与黄、黄与绿、绿与蓝、蓝与青、青与紫、紫与红都是相似色，在同一色中又有浓淡、深浅的层次变化. 如绿有深绿、浅绿、暗绿、墨绿、嫩绿、翠绿、碧绿等。这种相似或相近的颜色相互配合协调，在变化中保持大体一致，就会给人一种融和、宁静的感觉。比如音乐中利用谐音的原理，使两个以上的音按一定规则同时发响，形成和声，给人的感觉也是柔和、协调的。如图 1-45 所示是某出版社的某系列丛书的封面设计，充分体现了变化统一的形式美。

调和的方法也很多：通过统一的色调进行调和；通过共同的轮廓、质感、空间上的均匀分布进行调和；通过多个形态中有共同的因素或画面的导向性的元素，都可以弱化对比，达到调和。

图 1-45　某系列丛书的封面设计

对比和调和是变化统一最直接的体现（见图 1-46 与图 1-47）。统一的环境一旦变化，势必形成对比，要使诸多不同的形式统一起来，势必要采取调和的手法。通常我们处理画面可以运用大对比、小调和，即总体是对比的格局、局部调和；或是运用大调和、小对比，总体上调和，局部存在对比。

图 1-46　通过色彩进行对比；通过对称的形态调和

图 1-47　通过统一的曲线形式调和；通过疏密关系进行对比

综上所述，对比是强调相同形式因素中强烈的对照和映衬，从而更鲜明地突出自己的特点；调和是寻求相同形式因素中不同程度的共性，以达到治乱、治杂、治散的目的。对立一般属于阳刚之美，调和属于阴柔之美。但是，无论是对比还是调和，其本身都要求在统一中有变化，在变化中求统一，把两者巧妙地结合在一起，就能显示出多样与统一的美。

6）夸张与简化

夸张是艺术和创作中常用的手法，是把事物的特征强调和突现出来，使之非常醒目而令人印象深刻（见图 1-48）。京剧的脸谱是夸张的，武侠小说更是充满了夸张和想象。夸张的方法有：形态和体量的夸张、数量的夸张、色彩的夸张、细节的夸张、效果和作用的夸张。

简化是夸张的反形式，是弱化特点、减少细节，保留总体的特征，去除繁琐细节的干扰（见图 1-49）。简化的方法有：保留轮廓和总的形态特征，忽略细节。用几何形归纳形态的特点，使形态简化。忽略色彩和调子，保留轮廓特征，形成类似剪影的形态。减少数目，以有限的数目代表大量的群体。以局部代替整体。

夸张和简化都能使人迅速认识并掌握事物的特征，它们同时存在并可以互相突现，使各自得到加强。

图 1-48　夸张的人物画像

图 1-49　省略细节的简化

夸张和简化并不是盲目的，应用时也要根据特点和场合来决定。夸张得过火，会失去真实性；简化得过火，会失去特征，让人不知所云；夸张和简化在标志设计中应用很多，达到突出特征、传送意念的作用；夸张和想象的手法结合，在图形设计中应用广泛。

第 2 章

视觉美学的起源地——自然

2.1　螺类（螺旋黄金分割）

黄金分割的特色是它产生了一种协调的特殊的效果，即它能将不同组成元素结合为一种整体，而每个组成元素又能保持各自的独立完整性，并继续衍生出更大的完整个体。

对黄金分割的各种偏好并不仅限于人类的审美，它也是动植物这些生命成长方式中各种显眼的比例关系的一部分。贝类的螺旋轮廓线显示成长过程的积淀，是以各种黄金分割比例形成的对数螺旋线它们被认为是完美成长方式的理论，已经成为许多科学研究与艺术研究的课题，认为是完美成长方式的理论。西奥多・安德烈亚斯・库克（TheodoreAndreas Cook）在他的《生命的曲线》（The Cur vesof Life）一书把这些生长方式描述为“生命的基本过程”——每一段螺旋线表现了每个生长阶段。新生长的螺旋线非常逼近于黄金分割正方形的比例，而且比原来的大。鹦鹉螺旋线和其他贝类的成长力式从来都不是精确的黄金分割比例。更确切地说，在生物成长方式的比例中存在一种趋势，努力接近黄金螺线比例，但是并没有达到准确的螺旋线的各个比例，如图 2-1 ~ 图 2-5 所示。

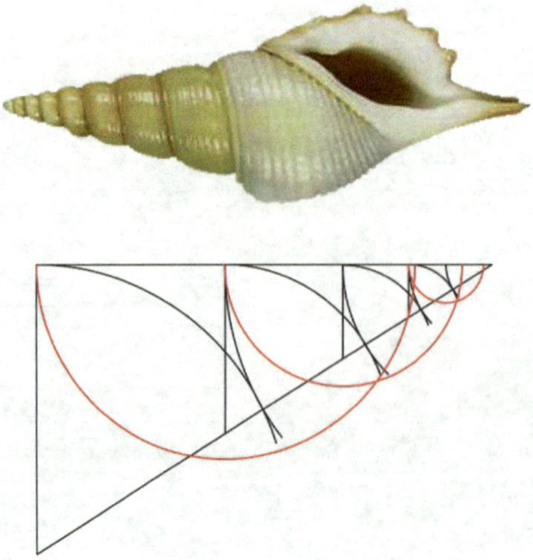

图 2-1　凤凰螺科（外壳螺纹的生长纹路与黄金分割比例的关联性）

图 2-2　鹦鹉螺的体腔（成长螺纹的交错区块）

图 2-3　月光蜗牛（螺旋的生长纹路）

图 2-4　大西洋轮螺（螺旋的生长纹路）

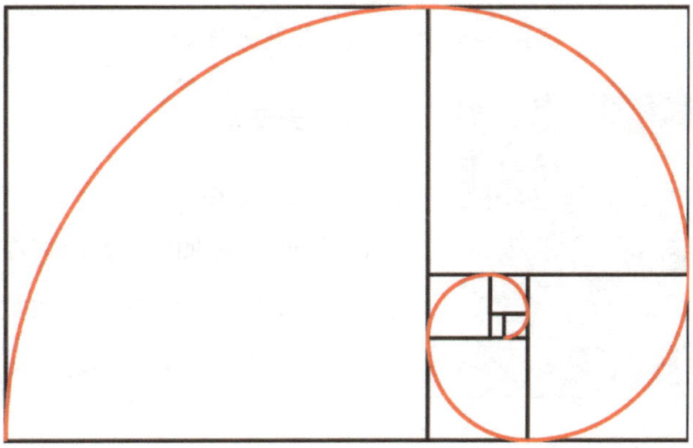

图 2-5　黄金分割矩形与由其延伸的曲线所绘出的黄金分割螺纹结构

2.2 鱼类（黄金矩形分割）

许多鱼类具有黄金分割关系。也许我们人类对自然运动及贝类、花卉、鱼类等生物的一部分迷恋是出于对黄金分割率的比例、形状、式样的潜意识的偏好。

1．鳟鱼

3 个黄金分割结构示意图放在这条鳟鱼上，鳟鱼的眼睛位于二次黄金分割矩形的水平边上，尾鳍位于二次黄金分割矩形中；且鳟鱼的身体长度正好等于三个黄金分割矩形的长度，如图 2-6 所示。

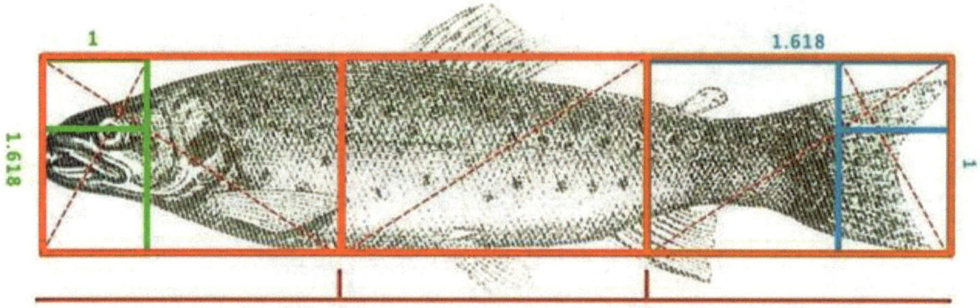

图 2-6　鳟鱼黄金分割比例关系

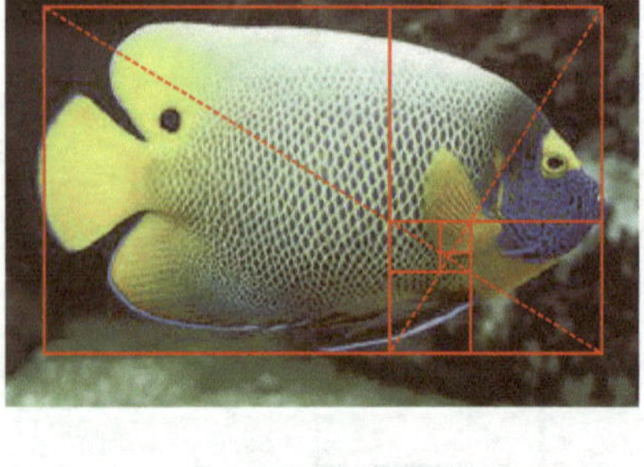

图 2-7　天使鱼的黄金分割比例

2．天使鱼

天使鱼的鱼身接近三个黄金分割矩形的组合，鱼眼、鱼嘴与鱼鳃的位置恰好在二次黄金分割矩形分割线上，尾鳍也可以由二次黄金分割矩形推论交叉的位置，如图 2-7 所示。

2.3 五边形和五角星图案

五边形和五角星都是具有黄金分割比例的图形，五角星边上三角形的长边与底边的比值为 1∶1.618，如图 2-8 ~ 图 2-11 所示。

图 2-8　海星

图 2-9 喇叭花（牵牛花）

图 2-10 五角星花（游龙草）

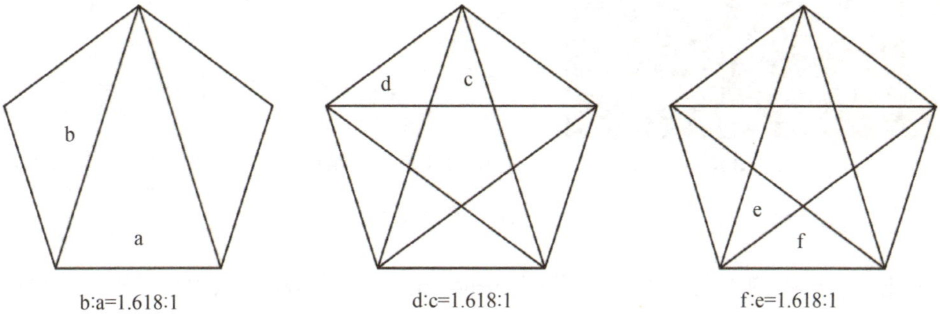

图 2-11　五边形黄金分割比例

2.4 正六边形

这种六角形所排列而成的结构叫做蜂窝结构，如图 2-12 所示。因这种结构非常坚固，故被应用于飞机的羽翼以及人造卫星的机壁的设计。蜂巢内外面的巢穴（叫做巢房）相互错开排列，其六角形的边交叉的点是内侧六角形的中心。这是为了提高强度，防止巢房底破裂。另外，从剖面图可知，两面的巢房方向都是朝上的。

蜂巢是严格的六角柱形体。它的一端是六角形开口，另一端则是封闭的六角棱锥体的底，由三个相同的菱形组成。18 世纪初，法国学者马拉尔奇曾经专门测量过大量蜂巢的尺寸，他惊讶地发现，这些蜂巢组成底盘的菱形的所有钝角都是 109° 28′，锐角都是 70° 32′。后来经过法国数学家克尼格和苏格兰数学家马克洛林的计算，如果要消耗最少的材料制成最大的菱形容器，正是这个角度。蜜蜂称得上是“天才的数学家兼设计师”。

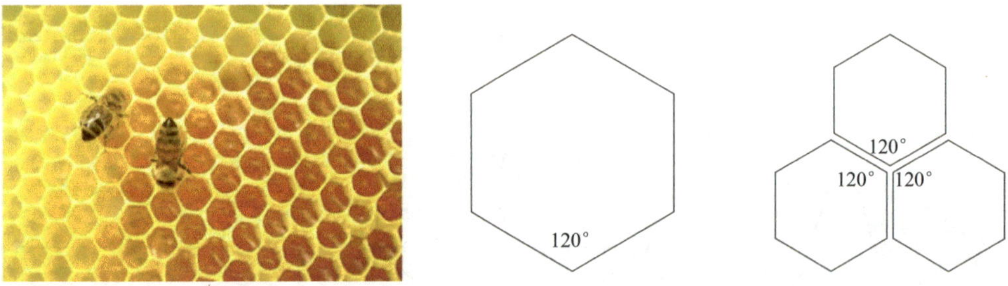

（a）蜂巢　（b）蜂巢的单个结构　（c）蜂巢的组织结构

图 2-12　蜂巢结构

雪花是由云中的水汽在冰晶上不断凝华而成的。由于冰晶的六角形结构，被叫做“六方晶系”，所以形成的雪花也是六角形的。雪花的正六边形结构分析如图 2-13 所示。

图 2-13　雪花的正六边形结构分析

正六边形可由以下方法形成，如图 2-14 所示。

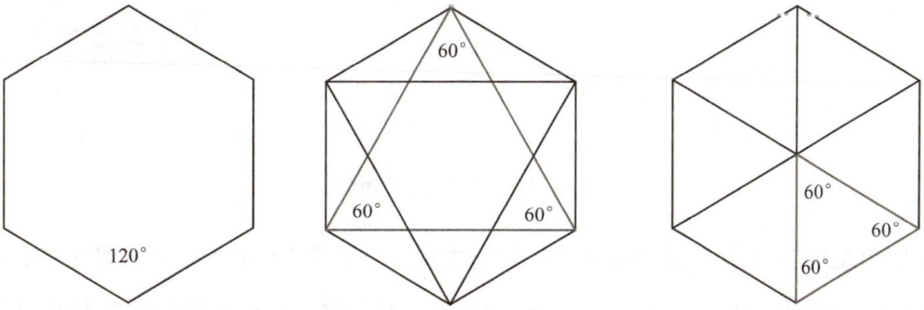

（a）正六边形的每个角都是 120°

（b）正六边形可由正三角形和正三角形根据其中心点旋转 180°组合而成

（c）正六边形也可由正三角形根据其顶点旋转 60°，旋转 6 次组合而成

图 2-14　正六边形的形成方法

2.5 松果和向日葵的生长螺旋线

松果和向日葵的螺旋成长方式是相似的。两者的种子都是沿两个反向旋转的交叉螺旋线生长的，而且每颗种子都同时属于这两种交叉的螺旋线。通过对松果种子螺旋线的研究，发现有 8 条顺时针方向的螺旋线、13 条逆时针方向的螺旋线，这个比例非常接近于黄金分割率，如图 2-15 所示。在向日葵的螺旋线中，有 21 条顺对针方向的螺旋线和 34 条逆时针方向的螺旋线这个比例也接近于黄金分割率，如图 2-16 所示。即使有些品种的螺旋线数量是 34/55，55/89，89/144，也正好是斐波纳契数列。

（a）8 条顺时针方向的螺旋线　（b）13 条逆时针方向的螺旋线　（c）8∶13=1∶1.618

图 2-15　松果的螺旋线

在松果发现的数字 8 和 3 以及在向日葵中发现的数字 21 和 34，在数学领域，即斐波纳契数列的相邻数。0、1、1、2、3、5、8、13、21、34、55……每个数字都是其前两个数字之和，这列数字的比例逐步逼近黄金分割率 1∶1.618。

图 2-16　向日葵的螺旋线

第 3 章
基本构图方法

3.1 圆形构图

圆形是封闭和整体的基本形状，圆形构图通常指画面中的主体呈圆形。圆形构图在视觉上给人以旋转、运动和收缩的审美效果，如图 3-1 所示。

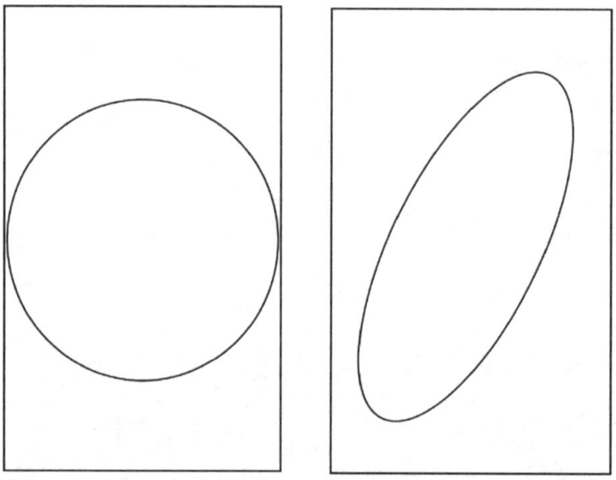

（a）圆形构图　　（b）椭圆形构图

图 3-1　圆形构图

由于圆形中的圆是由弯曲的线条构成，因此具有一种完美柔和之感，倘若沿着圆形轨道走下去，将会周而复始、永无尽头。因此，圆形还有一种无休无止的感觉。在圆形构图中，如果出现一个集中视线的趣味点，那么整个画面将以这个点为轴线，产生强烈的向心力。当圆形被拉长时就会变成椭圆形。椭圆形构图大都采用宽大于高的横幅模式，它不仅有静态的效果也会产生动态的效果，同时还具有较为明显的整体感，使画面的各个部位得到很好的表现。椭圆形构图也属于圆形构图，它是圆形构图的变体，是把主体安排在圆心所形成的视觉中心。

在所有的视觉信息技术中，圆形和三角形是比长方形更具有视觉控制力的形状，然而这种优势只能被有条件地使用，不能像长方形和正方形那样普遍，但是在生活中，圆形的运用也非常普遍，比如建筑装饰、光碟、车轮等。

【案例 3-01】《求职》海报 朱尔·谢雷特 1889 年

1866 年，谢雷特在巴黎自己的印刷厂设计制作的第一张彩色石版招贴，在现代招贴史上具有划时代的意义，它标志着现代招贴的诞生。他被史家誉为“现代招贴之父”。

谢雷特直接在石版上画的招贴作品，图形写实，色彩明快华丽，形式多样，整个画面洋溢着热烈欢快的情调。他把多种绘画风格和传统的壁画艺术融入到招贴作品中，使之产生了非常强烈的视觉效果。他的作品具有较为明显的个人风格，有很强的绘画性和装饰性，正如丁·巴尼克指出的那样：“谢雷特之所以成为世界招贴历史上第一位大师的原因，并不是因为他创作了数以千计的招贴作品，而是因为这些作品都是一些伟大的艺术品。”

如图 3-2 所示，这张绘于 1889 年的求职海报运用了圆形构图来吸引读者的注意。三个同心圆间的距离 $A=B=C$，圆形确定了人物、文字“JOB”的位置，在左上到右下的对角线先穿过人物的肩部并经过其臂部，在右上到左下的对焦先从视觉上安排了人物的头眼和手的位置。

图 3-2　《求职》海报及比例构图

【案例 3-02】《伦敦铁路运输线的东海岸》海报　汤姆·普维斯 1925 年

《伦敦铁路运输线的东海岸》是汤姆·普维斯于 1925 年设计用于邀请观众乘伦敦东北铁路旅游度暑假的招贴海报，如图 3-3 所示。

图 3-3　《伦敦铁路运输线的东海岸》海报及比例构图

25 年前，两位自称为“干苦役”的设计师曾试采用当时很超前的方法，用平面色块简化表现轮廓。普维斯的海报使用一种相似的简化方法表现空间色彩。

在这张海报上，表示伞的椭圆形构图最有力度，最能吸引视觉力。不仅仅因为那振动变化的色彩还因为它的形状及其倾斜的摆放、明亮的橙色与蓝色的天空形成鲜明对比。这个椭圆的形状接近圆形，比其他任何几何图形更加引人注意。这条斜线的方向最能驱动视觉方向，因为它的不稳定性和内含的动感。这个令人印象深刻的椭圆形在伞的内部结构和黑色的支杆被重复运用了两次。

所有的图形的细节都被大致简化成为简单的剪影图。浴巾的条纹和随意的摆放姿势使织物上产生了不同于其他简单的图形的改变。

这张海报是非常典型的椭圆构图，橘色椭圆吸引了读者的视线。如果用一个 6×6 的单位区域来分析，天空与海平面占了三分之二的范围，也将海报划分为两部分，橘色的雨伞里较小的椭圆形，其轴线穿过海报的中心点，为整体构图取得平衡，图中两人恰好分在伞柄的左右，同样为构图提供色彩与形状平衡。

3.2 三角形构图

三角形构图是以三个视觉中心为景物的主要位置，有时也以三点成一面的布局安排景物的位置，形成一个稳定的三角形。这种三角形可以是正三角形、也可以是斜三角形或倒三角形。其中，正三角形构图给人以坚强、镇静的感觉；倒三角形构图具有明快、敞露的感觉；斜三角形构图具有安定、均衡、灵活等特点，它也是最为常用的一种三角形构图。黄金分割三角形是一个等腰三角形，因其和黄金分割矩形有着相似的美学属性，被称为庄严的三角形是大多数人都很喜欢的三角形，如图 3-4 所示。

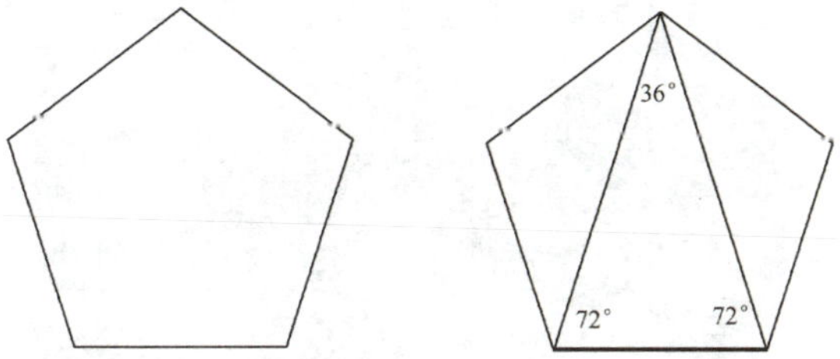

图 3-4　三角形构图

【案例 3–03】《女神游乐厅》海报　乔尔斯·谢瑞 1877 年（一）

如图 3-5 所示，《女神游乐厅》海报是为巴黎著名的演艺剧场而设计的，设计者乔尔斯·谢瑞是法国新艺术运动的代表人物，他所设计的这样迷人且富有动态美的作品，成功地捕捉住一群舞者的舞动瞬间，乍看之下整体构图似乎漫无意识，并未具特定的几何图形，实际上整张海报中心点位于女舞者的臀部，舞者们的抬腿，刚好构成三角形，框住了女舞者的位置，这些伸展的肢体与肩膀，都经由几何结构的构图方式，精心安排好它们的位置。

图 3-5　《女神游乐厅》海报（一）及比例构图

3.3 正五边形构图

正五边形也是常用的一种构图方式，它不仅存在于自然界中，也是设计师们非常钟爱的一种构图方式，正五边形构图常和五角星构图联系在一起，如图 3-6 所示。

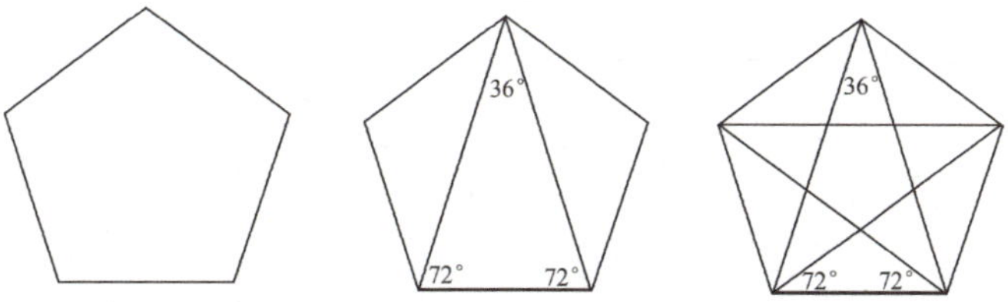

图 3-6　正五边形构图

【案例 3–04】《女神游乐厅》海报 乔尔斯·谢瑞 1877 年（二）

再次对女神游乐厅海报做分析，便会发现画面中细心经营的视觉结构，各舞者所摆出的肢体位置，相当接近一个内接于圆形的五边形，将五边形的内部作细分，可建立一个五角心形，而此依序由边角绘出的五角星形内部，会形成一个更小且等比的五边形。值得注意的是，这个五角星内的各个三角形，其不同边长的比值恰为黄金分割比例 1∶1.618，如图 3-7 所示。

图 3-7　《女神游乐厅》海报（二）及比例构图

3.4 正六边形构图

在平面几何学中，正六边形是具有六条相等的边和六个相等内角的多边形。它可以由六个同样的等边三角形构成，如图 3-8 所示。

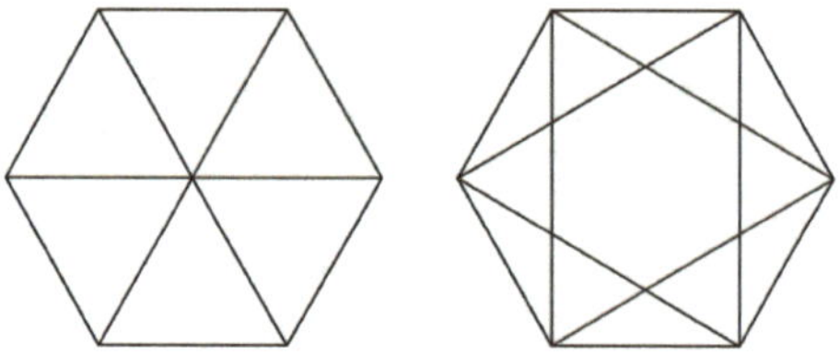

图 3-8 正六边形构图

【案例 3–05】蜜蜂的蜂窝

蜜蜂的蜂窝构造非常精巧、适用而且节省材料。蜂房由无数个大小相同的房孔组成，房孔为正六角形，每个房孔都被其它房孔包围，两个房孔之间只隔着一堵蜡制的墙，如图 3-9 所示。房孔的底既不是平的，也不是圆的，而是尖的。这个底是由三个完全相同的菱形组成。有人测量过菱形的角度，两个钝角都是 109°，而两个锐角都是 70°。世界上所有蜜蜂的蜂窝都是按照这个统一的角度和模式建造的。

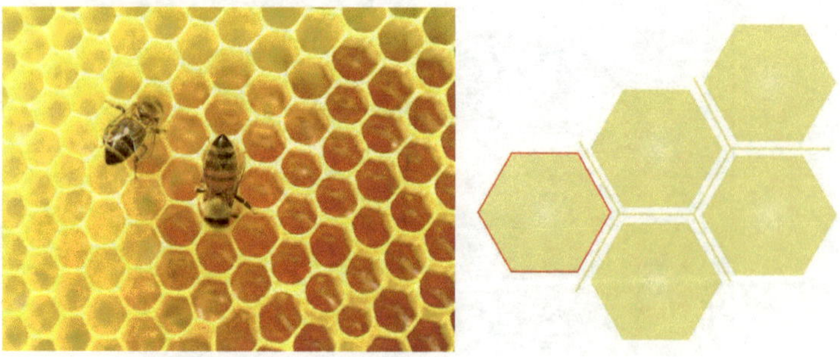

图 3-9 蜜蜂的蜂窝

3.5 对角线构图

对角线构图是摄影作品、平面设计及产品设计中常见的构图方式之一，把主体安排在对角线上，不仅给人一种方向感，而且还能够有效地吸引视线，将注意力转移到焦点上，以达到突出主体的目的，如图 3-10 所示。在进行对角线构图时，要以斜向线条变化为主，既保持画面的稳定，又通过线条与点面的呼应来丰富画的内容，使画面充满动感和冲击力。

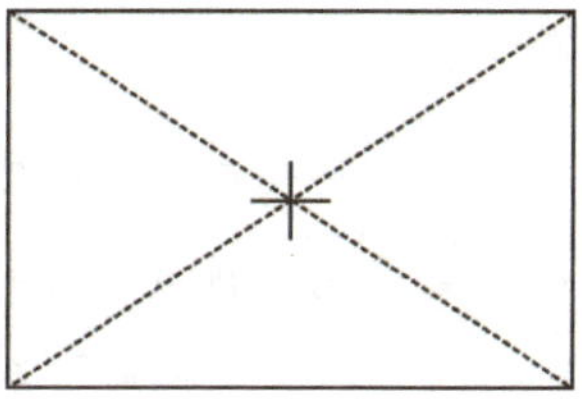

图 3-10　十字为视觉中心

【案例 3–06】《乱世佳人》海报 维克多 · 弗莱明 1939 年

1939 年由维克多 · 弗莱明导演的《乱世佳人》为影坛经典。如图 3-11 所示，电影海报以剧中亚特兰大的火光冲天为背景，配合火红的暖色调，夸张而鲜明地表达出英雄怀抱美人的浓烈爱意。可以看到海报符合对角线构图，两个人物头像和拥抱的黑色人物剪影在对角线上，视觉的焦点正是两人目光对视的地方，海报标题夹在对角线的中间。另作海报的中线，男主角位于海报的右上方，女主角位于海报的左下方，达到视觉平衡。

图 3-11　《乱世佳人》海报及比例构图

3.6 相似形构图

在所有重要而成功的作品中，我们发现每个作品都有一个基本形，不断地重复出现，利用切割和分布的技巧布置基本形的大大小小的相识形，从而衍生出一个“自生矩形”系列的巧妙组合，进而生成和谐的构图效果。

——巴尔卡

在整体与局部之间，在局部与局部之间，它们共同的比例应该成为彼此之间的纽带。如果没有比例作为形式纽带联系各式各样松散的图形，则形成不了完美统一的整体。现代比例理论的重要突破来自意大利的巴尔卡和英国的劳埃德，他们同时并各自提出相似形重复率，认为这条规律可以指引设计，创造出完整而优美的构图。

相似/换置律。包括相似形状重复律和相似形换置律两部分。

相似形重复律的效果发现较早，它有助于协调整体比例和局部比例之间的关系，以及局部与局部的比例关系的规律。在 1862 年，格威尔特在他的文章中提出这个概念，他写道：“当我们整体考虑并精确测量时，我们发现凡是最优美的、最悦目的比例都有彼此间的精确关系，并且具有简明的比率配置，换句话说，就是用最小的局部的尺寸为单位，可以整除其整体。”

1）比率

比率是指两个相似事物的数量比，用 R 表示，例如两个长度的比就是

比率（R）=长度 A∶长度 B，即 $R=A:B$

当 A=5m∶B=4m 时，则比率 $R=A:B=5:4=1.25$。

2）六个元素形态

如同化学成分一样，形态共有六个基本元素。印象主义画家提出，上帝赋予人间六个元素形，如图 3-12 所示。世界上所有的形态都是这六个元素形的演化组合，它们有平面形状，也有立体形状。印象派大画家塞尚说，他的作品中的形态都来自于这些形状元素，它影响至今，今天的设计形态也都来自于这些元素。

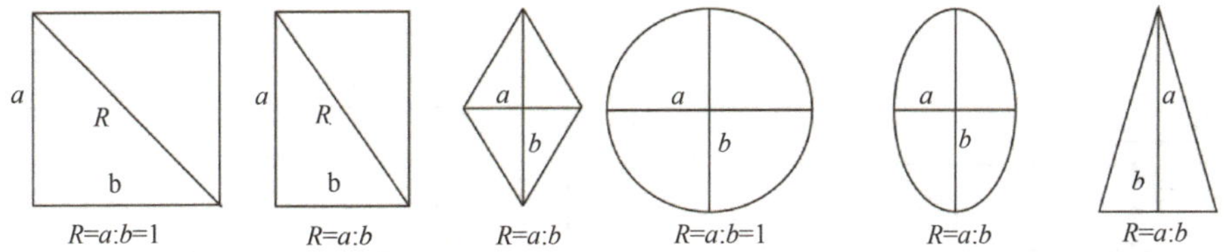

图 3-12　六个元素形态

元素形的比例，归纳成为简明的规律如下。

（1）方形和矩形的比例是长边与短边的比。

（2）菱形则是对角线的比率。

（3）圆是固定的 1∶1，椭圆是长、短轴之比。

（4）三角形是顶高于底边之比。

【案例 3–07】萨伏伊别墅 勒·柯布西耶　1930 年

萨伏伊别墅是由建筑大师勒·柯布西耶于 1928 年设计、1930 年建成的，使用钢筋混凝土结构。这幢白房子表面看来平淡无奇，简单的柏拉图形体和平整的白色粉刷的外墙，简单到几乎没有任何多余装饰的程度，唯一可以称为装饰部件的是横向长窗，这是为了能最大限度地让光线射入，如图 3-13 所示。

图 3-13　萨伏伊别墅的设计

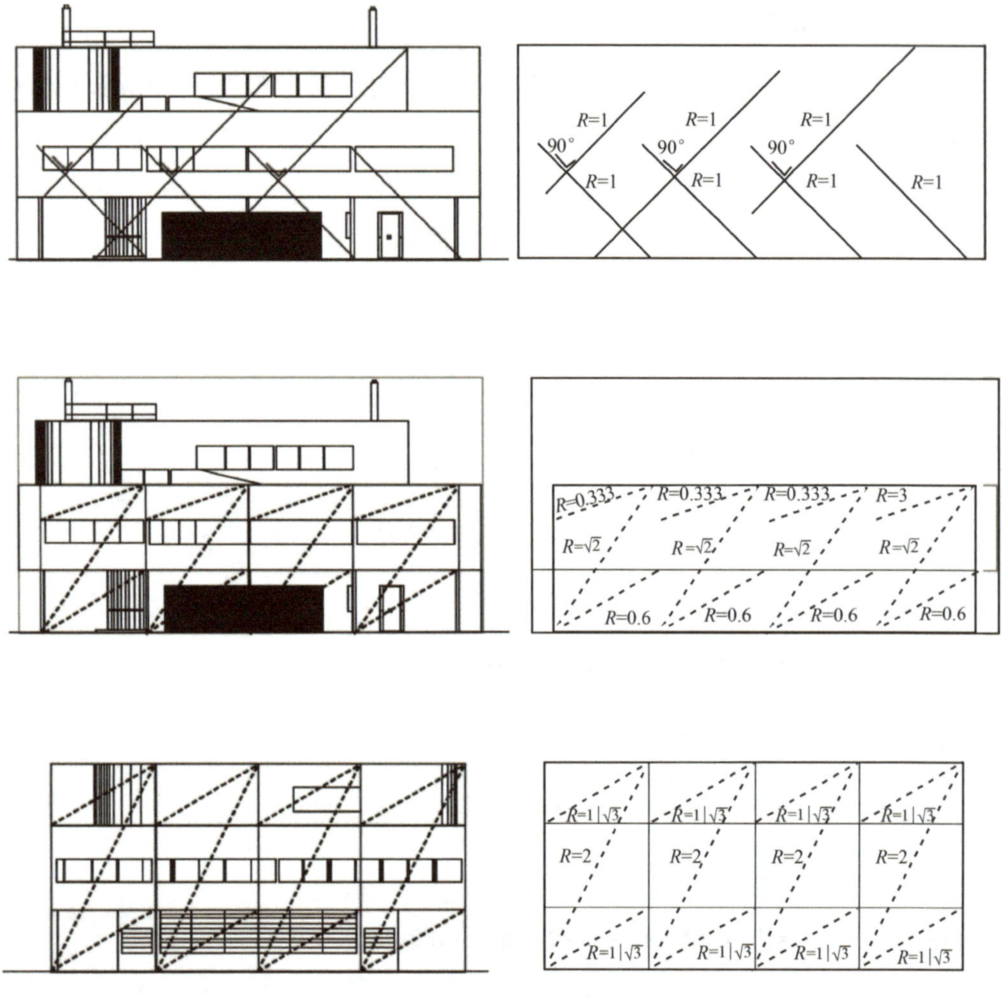

图 3-13　萨伏伊别墅的设计（续）

萨伏伊别墅是勒·柯布西耶纯粹主义的杰作，是一个完美的功能主义作品，甚至是勒·柯布西耶的作品中最能体现其建筑观点的作品之一。别墅在设计之初，柯布西耶原本的意图是用这种简约的、工业化的方法去建造大量低造价的平民住宅，没想到老百姓还没来得及接受，却让有亿万家产的年轻的萨伏伊女士相中，于是成就了一件伟大的作品，它所表现出的现代建筑原则影响了半个多世纪的建筑走向。

3.7　网格构图

著名的瑞士设计师约瑟夫·米勒·布罗克曼曾说：“网格使得所有的设计元素——字体、图片、美术之间的协调一致成为可能。网格设计就是把秩序引入设计中去的一种方法。”

在众多设计中，网格构图在版式设计、网页设计中运用最多，网格构图，或者叫做网格系统，又有人把它叫做标准尺寸系统、程序版面设计、比例版面设计、瑞士版面设计或者欧洲版面设计（与美国自由版面设计相对而言）。

【案例 3–08】阿姆赫普拉兹剧院赞助商名单

如图 3-14（a）所示，阿姆赫普拉兹剧院赞助商名单以前的版本上，每个赞助商都有一小块广告，里面有商品标志和商品介绍，导致整个页面一片混乱。在后来的版本中，创建了一个构成体系，通过版式统一的字体和体系化的布局，商品内容页被组织起来，如图 3-14（b）所示。新的版面构图是 8 栏形成 12 个方形视觉区，结构上部三分之一是标题和内容，下部的三分之二是赞助商的广告，最上面的一排视觉区展示的是标题，每位赞助商都有 4 栏构成的视觉区，或者是两个 4 栏构成的视觉区。

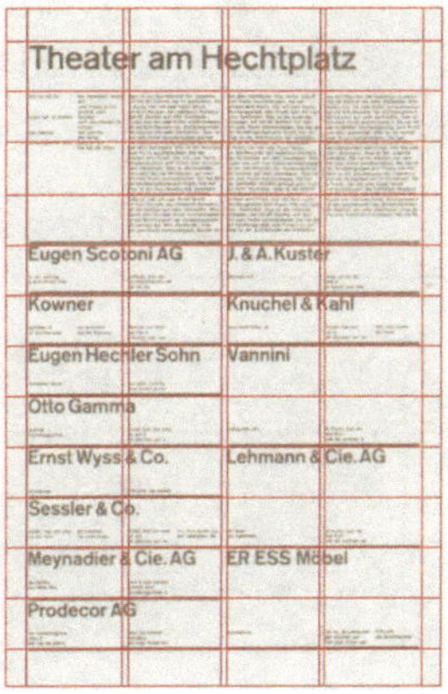

（a）老版本

（b）新版本

图 3-14　阿姆赫普拉兹剧院赞助商名单

3.8 三分法构图

三分法，有时也称作井字构图法，是一种在摄影、绘画、设计等艺术中经常使用的构图手段。在这种方法中，摄影师需要将场景用两条竖线和两条横线分割，就如同是书写中文的“井”字。这样就可以得到 4 个交叉点，然后再将需要表现的重点放置在 4 个交叉点中的一个即可。

三分法构图是指把画面横分三分，每一分中心都可放置主体形态，这种构图适宜多形态平行焦点的主体。也可表现大空间、小对象，也可反相选择。这种画面构图，表现鲜明，构图简练。

在摄影中，通过取景器观察景物时，不妨想象着把画面划分成三等分，如图 3-15 所示。线条交叉处就是安排趣味中心和其它次要景物的地方。当然这条规则是可以灵活运用的，趣味中心不一定要正好在交叉点上，但大致得在那一带。画面右端那些交叉点通常被认为是最强烈的；当然，左边三分之一处有时也用来安排趣味中心，这要根据画面怎样平衡而定。三分法对横画幅和竖画幅都适用。按照三分法安排主体和陪体，照片就会显得紧凑有力。

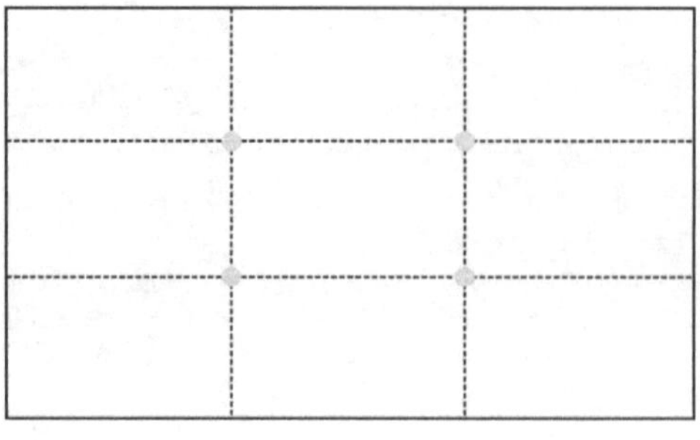

图 3-15　黄点为趣味中心，虚线为三分之一分割线

【案例 3–09】《花园酒店—西班牙巴塞罗那》马尔普斯

如图 3-16 所示，照片《花园酒店—西班牙巴塞罗那》是英国著名摄影师马尔普斯的作品。这张图是在酒店顶层俯拍的，从构图上看，这张照片其实比较简单明了，我们在这幅画上绘制一个 3×3 的网格，就能了解这张照片的构图，整张照片的视觉中心也就是螺旋楼梯位于三三网格的左边焦点处，螺旋楼梯位于左下三分之二处。

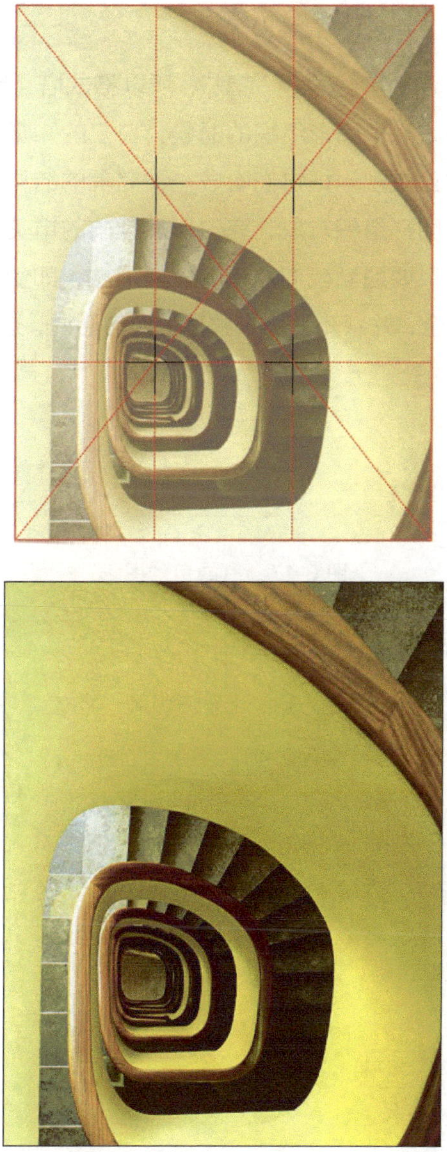

图 3-16　《花园酒店—西班牙巴塞罗那》作品及比例构图

3.9 “格式塔”构图

“格式塔”是德文（Gastalt），意为“完型”，所以格式塔，也称为“完型派”。格式塔心理学认为，人类在观察某一个图形组织的时候，自己的知觉活动会产生一种改变原有的或者不完全的倾向，并且主观地把它们看成一种完美的结构。这是人类最本质的认知感受，它立足于知觉对于图形组织对象，完整形态倾向的审美心理效应的基础。大量的格式塔心理学实验证明，只要遇到我们熟悉的任何形态，即使是它有所残缺，我们的视知觉仍旧可以把它自动补全，并感知为一个整体。换句话说，这也就是格式塔所说的“完形心理”，如图 3-17 所示。

图 3-17　有缺口的图形

【案例 3–10】IBM 标志设计　保罗 · 兰德

我们的视知觉自动补全了图像，感受到了“IBM”字的存在（见图 3-18）。这就是格式塔理论所说的“连续性”，也就是对线条的一种知觉倾向，尽管线条受阻断，却仍像未阻断或仍然连续着一样为人们的经验所感知到。这种对于完整的视觉形态进行的有意识地分解成为虚缺状态，把消费者的视觉感受由熟悉的情景引入到新的陌生状态，形态上的新鲜感、奇妙感不言而喻。在我们观察和欣赏这个形态的时候，通过自己的视知觉完形感受，会感受到此前从来没有认知到的新的形态。这其实就是把人类常识观念中，一些不可能或者不该分解的图形或者文字“有意识”地处理成虚缺状，从有秩序感—无秩序感—有秩序感，这样的过程中会构成新的形象认知观念，不再是循规蹈矩的表达形式，给人耳目一新的、生动的视觉印象。这里的主要作用者，就是人类的潜意识或者“无意识”的“完形心理”。

图 3-18　IBM 标志设计

3.10 黄金分割椭圆构图

黄金分割椭圆形也显示了与黄金矩形和黄金三角形相似的美学性质，就像矩形一样，它的短轴和长轴的比例为 1:1.618，如图 3-19 所示。

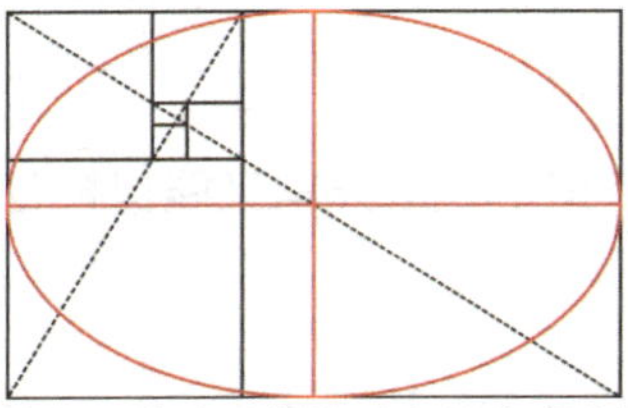

（a）内切于黄金分割矩形内的黄金分割椭圆

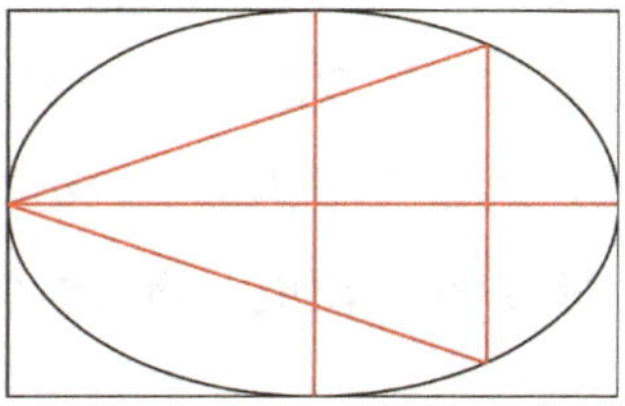

（b）黄金分割三角形内切于黄金分割椭圆黄金分割椭圆又内切于黄金分割矩形

图 3-19 黄金分割椭圆形构图

【案例 3–11】大众公司新款甲壳虫汽车 杰伊·迈斯、弗雷曼·托马斯、彼得·施赖尔 1997 年

当大众公司新款甲壳虫汽车在路上行驶的时候，他更像是一个运动的雕塑而不是一个交通工具，与其它汽车造型明显不同，它有力地抓住了人们对造型一致性的期待，这个形体同时包含了重新流行的旧概念和未来风格，是几何概念与怀旧的融合体，如图 3-20 所示。

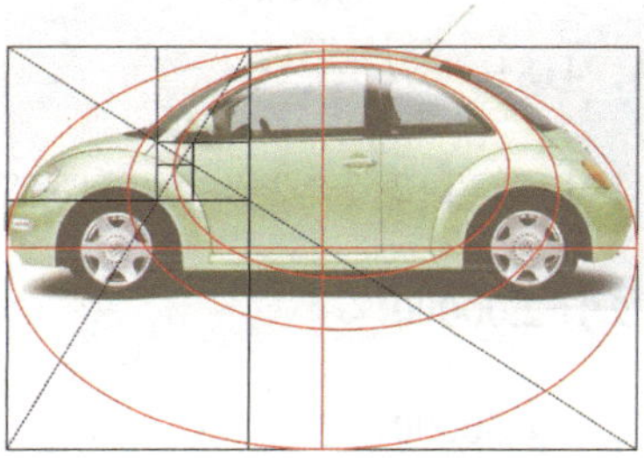

图 3-20 大众公司新款甲壳虫汽车

一个黄金椭圆内切与一个黄金分割矩形中，甲壳虫的车身完全嵌入该黄金椭圆的上半部分。椭圆的长轴与车身平行，位于汽车前后轮胎圆心连线的中心点下方。汽车的侧窗嵌套于一个小的黄金椭圆中，该椭圆及椭圆的长轴也于汽车的前后轮胎相切。

3.11　黄金分割比例构图

黄金分割又称黄金律，是指事物各部分间一定的数学比例关系，即将整体一分为二，较大部分与较小部分之比等于整体与较大部分之比，其比值约为 1∶0.618 或 1.618∶1，即长段为全段的 0.618。0.618 被公认为最具有审美意义的比例数字。上述比例是最能引起人的美感的比例，因此被称为黄金分割。黄金分割的特色是它产生了一种协调的特殊的效果，即它能将不同组成元素结合为一种整体，而每个组成元素又能保持各自的独立完整性，并继续衍生出更大的完整个体。

费氏数列（Fibonacci Sequence），又称为黄金分割数列，在数学上，斐波那契是以循环的方法来定义：

$F0=0$

$F1=1$

$Fn=(Fn-1)+(Fn-2)$

用文字来说，就是斐波那契数列由 0 和 1 开始，之后的斐波那契数就由之前的两数相加：0，1，1，2，3，5，8，13，21，34，55，89，144，233，377，610，987，1597，2584，4181，6765，…

1+1=2，1+2=3，2+3=5，3+5=8，5+8=13，8+13=21，…

2/1=2.00000

3/2=1.50000

5/3=1.66666

13/8=1.62500

21/13=1.61538

34/21=1.61904

55/34=1.61764

89/55=1.61818

144/89=1.61797

233/89=1.61805

377/233=1.61802

610/377=1.61803　　　　　　　　　　黄金分割

此数列中，各数字间的比值会逐渐趋近于黄金比例，第十五个数字后的任何数字除以它后面一个数字的比值均为 0.618（取到小数点后三位），而除以它前面一个数字则会得到 1.618（取到小数点后三位）的比值。

3.12 黄金比例矩形构图

文艺复兴代表人物米开朗基罗有句名言："凡是美术家，他的眼有一个量规。"言外之意是，目测不准确的人不配当美术家。他的学生、意大利建筑师瓦萨里也认为人的眼睛有能力判断在哪里应去掉多少、在哪里添加多少，于是，比例观念相应被提出。同时期另一位建筑师阿尔伯蒂则主张：矩形的比例应该是整数的比率，如 2∶1、3∶2 等。

纵观被记载的历史，在人造环境和自然界中有文字记载人类对各种黄金分割比例的认知偏好。公元前 20 世纪到 16 世纪的史前巨石柱就记载了关于 1 ∶ 1.618 比例的黄金矩形的运用，这是最早的证据之一。此后，文字记载的证据还有公元前 5 世纪古希腊的文献、艺术品和建筑等。随后，文艺复兴时期的艺术家和建筑家们也研究记载并把黄金分割用于雕刻、绘画和建筑这些非凡的作品中。除了人造物品，黄金分割还存在于自然界，例如人体的各种比例，以及植物、动物及昆虫的各种成长方式。

出于对黄金分割率的跨文化的典型审美偏好，19 世纪后期德国的一位心理学家古斯塔夫 · 费希纳（Gustav Fechner）研究了人对于黄金分割矩形具有的特殊美学属性产生的心理反应。费希纳将实验限定于人造物中，并从测量数以千计的各种矩形物体（书、盒子、建筑物、火柴纸夹、报纸等）入手。他发现普通矩形的边长比例近似于黄金分割率，即 1∶1.618，而且大部分人更喜爱边长比例接近于黄金分割率的矩形，如图 3-21 所示。

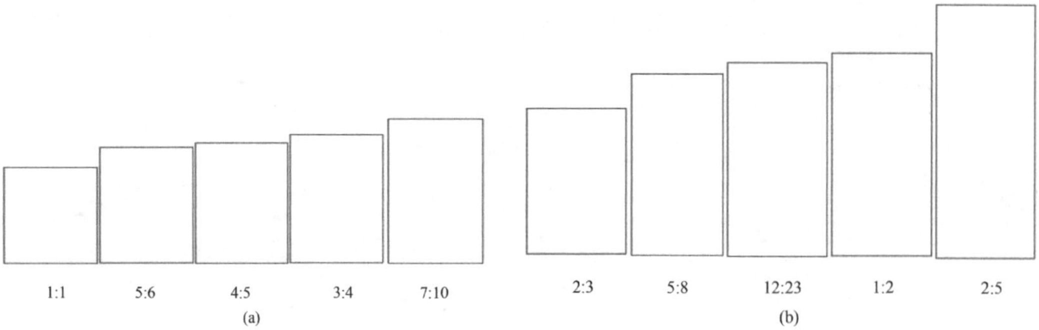

图 3-21　各种黄金分割矩形

黄金分割矩形作法如下。

（1）从一个正方形开始，见图 3-22。

（2）从一条边的中点 *A* 向一个对角 *B* 画条斜线。以这条斜线为半径作一段圆弧，与正方形的延长线相交于 *C* 点。这个小矩形和这个正方形共同构成了一个黄金矩形，如图 3-23 所示。

图 3-22　正方形

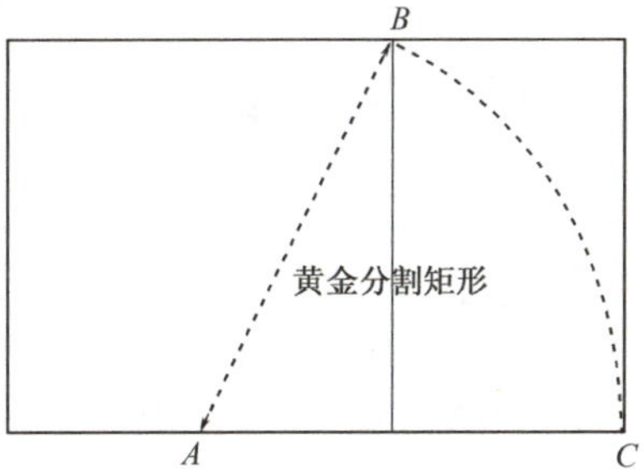

图 3-23　黄金矩形

（3）这个黄金矩形能够被进一步分割。连接黄金分割矩形的对角线交与正方形的边缘，以交点为起点建立底边平行线，建立二次黄金分割，如图 3-24 所示。

（4）这个分割过程可以无限继续下去，产生更小的等比矩形和正方形，如图 3-25 所示。

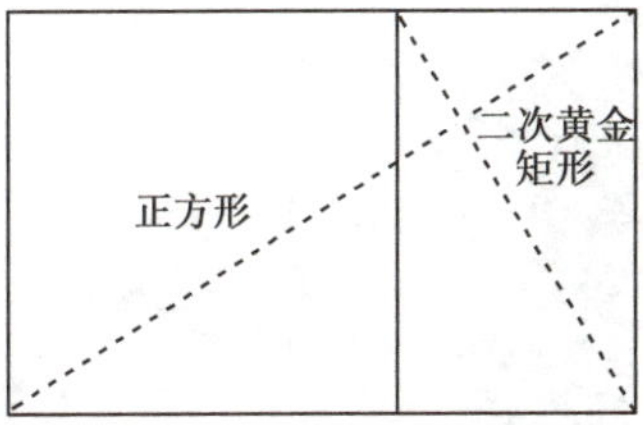

图 3-24　二次黄金分割矩形

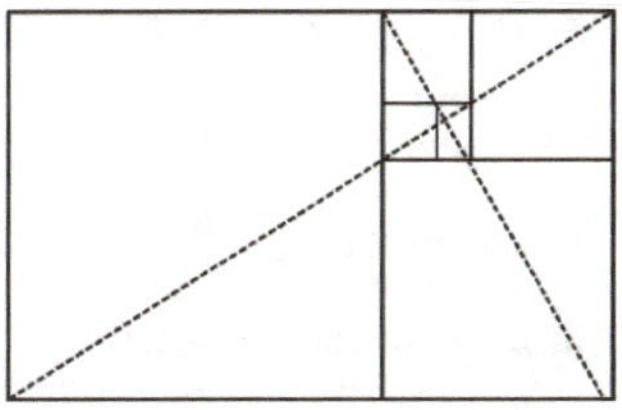

图 3-25　更多的黄金分割矩形

【案例 3–12】苹果公司标志　里吉斯·麦肯纳广告公司　1976 年

苹果公司作为世界杰出的品牌之一，在电脑、个人数码领域处于世界领先地位。苹果产品以出色的产品设计、开创性的创新理念、优秀的用户体验获得了全球数亿用户的喜欢。苹果公司的品牌标志也是世界公认的杰出设计之一，如图 3-26 所示。

图 3-26　苹果公司标志设计

1976 年，苹果的第一个标志由罗恩 · 韦恩用钢笔绘成，设计灵感来自于牛顿在苹果树下进行思考而发现了万有引力定律，苹果公司也想要效仿牛顿致力于科技创新。

1977 年，史蒂芬 · 乔布斯准备发布他的 Apple II 新产品，其采用全新塑胶外壳材质，同时采用了彩色屏幕。然而原来的标识显然过于复杂，很难应用在 Apple II 上，需要一个能够具备简单应用、风格独特的品牌标志，同时能够帮助消费者记忆，提高辨认度。于是他找到了里吉斯 · 麦肯纳广告设计公司为苹果公司设计一个全新的标志。被咬掉一口的苹果造型很特别，彩色条纹充满了人性及亲和力。就这样我们所熟知的彩色苹果标志诞生了。

2001 年，苹果标志变为透明的，主要目的是为了配合首次被推出市场的 Mac OS X 系统而改变的。这次苹果的品牌核心价值从电脑转变为电脑系统，苹果标志也跟随了系统的界面风格变化，采用透明质感。

在整个苹果标志中，我们发现了惊人的黄金分割比率的应用，标志的弧度所在圆的比例符合黄金分割矩形，如图 3-27 所示。

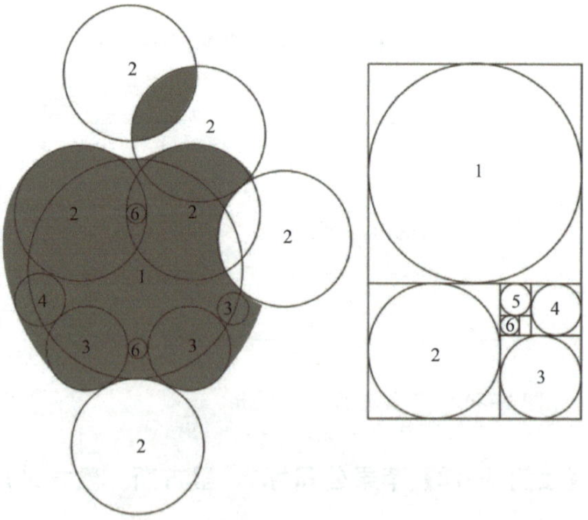

图 3-27　苹果标志的边缘设计比例符合黄金比例矩形

3.13　根号矩形构图

1　$\sqrt{2}$ 矩形构图

$\sqrt{2}$ 矩形作为欧洲 DIN（德国工业标准）纸张尺寸体系的基础，具有特殊的性质，它可以被无限分割为等比更小的矩形。具有丰富海报传统的欧洲城市已经将街头海报的显示区标准化为这个比例，$\sqrt{2}$ 矩形不仅具有减少浪费的功能特性，而且紧密跟随黄金分割率的美学特征。

（1）先作一个正方形，如图 3-27 所示。

（2）连接正方形的对角线，以这条对角线为边长作圆与正方形的底边延长线相交，形成一个新的矩形，此矩形就是 $\sqrt{2}$ 矩形，如图 3-28 所示。

（3）这个 $\sqrt{2}$ 矩形就可以分割成两个较小的 $\sqrt{2}$ 矩形，再对小的 $\sqrt{2}$ 矩形作分割，此动作可以无限循环，如图 3-29 所示。

图 3-27　正方形

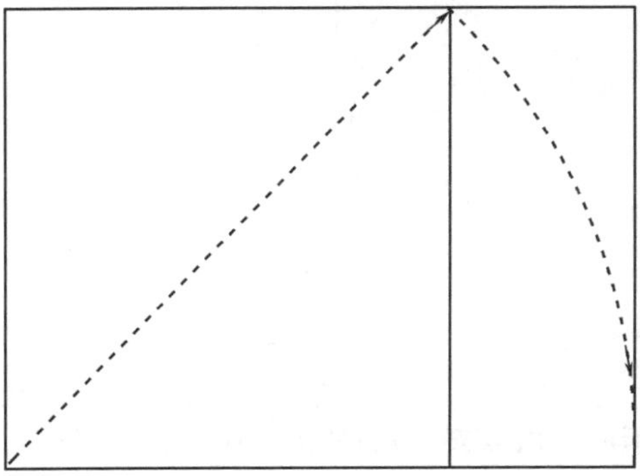

图 3-28　$\sqrt{2}$ 矩形

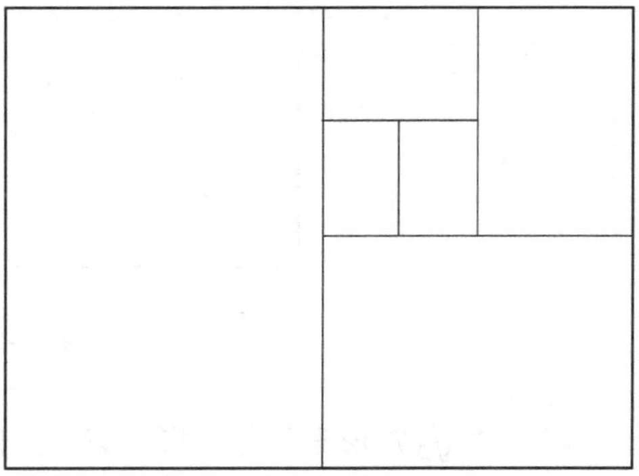

图 3-29　更多的 $\sqrt{2}$ 矩形

2 $\sqrt{3}$ 矩形构图

正如 $\sqrt{2}$ 矩形能被分割成相似的矩形，$\sqrt{3}$ 和 $\sqrt{5}$ 矩形也可以被这样分割，把 $\sqrt{3}$ 矩形平均分为三个垂直的矩形，$\sqrt{3}$ 矩形具有构成一个正六棱柱的特征，这个结构可以在雪花晶体的形状、蜂巢和自然界的许多事物中都能找到，也被设计师应用于各种设计中。

（1）作一个 $\sqrt{2}$ 矩形，如图 3-30 所示。

（2）作 $\sqrt{2}$ 矩形的对角线，以此对角线为边长作圆，交与变长的延长线为一点，封闭整个图形形成一个 $\sqrt{3}$ 矩形，如图 3-31 所示。

图 3-30　$\sqrt{2}$ 矩形

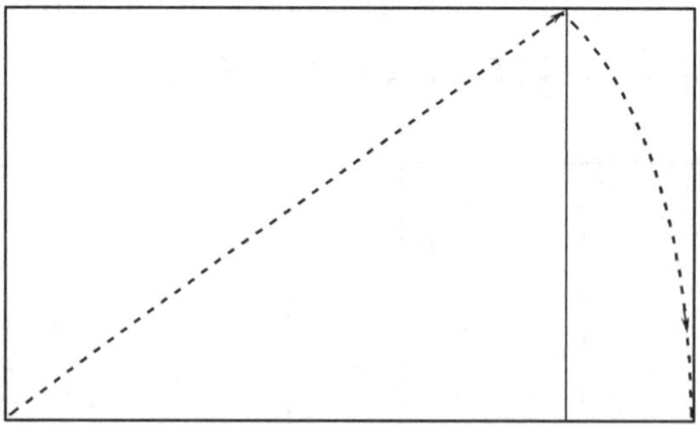

图 3-31　$\sqrt{3}$ 矩形

（3）将 $\sqrt{3}$ 矩形三等分，形成三个小的 $\sqrt{3}$ 矩形，再将新形成的 $\sqrt{3}$ 矩形三等分分割，此动作可以无限循环，如图 3-32 所示。

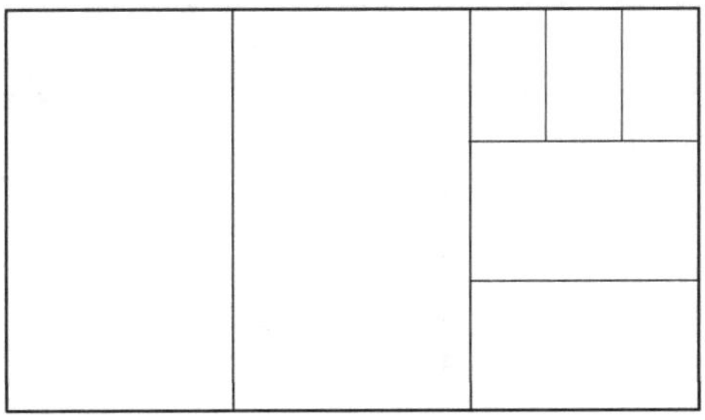

图 3-32　更多的 $\sqrt{3}$ 矩形

3　$\sqrt{5}$ 矩形构图

（1）先作一个 $\sqrt{3}$ 矩形，如图 3-33 所示。

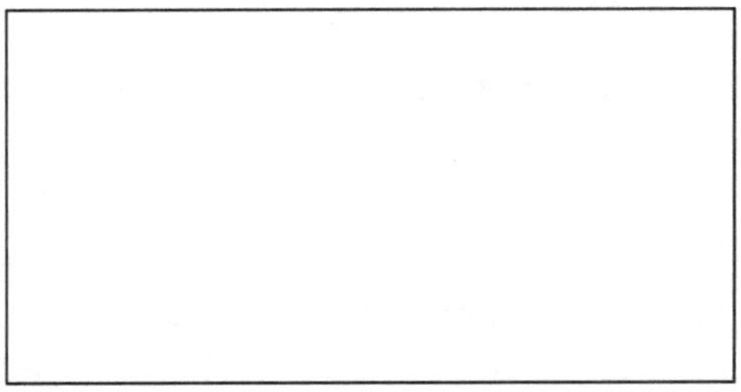

图 3-33　$\sqrt{3}$ 矩形

（2）作 $\sqrt{3}$ 矩形的对角线，以此对角线为边长作圆，交与变长的延长线为一点，封闭整个图形形成一个 $\sqrt{5}$ 矩形，如图 3-34 所示。

（3）将 $\sqrt{5}$ 矩形五等分，形成五个小的 $\sqrt{5}$ 矩形，再将新形成的 $\sqrt{5}$ 矩形五等分分割，此动作可以无限循环，如图 3-35 所示。

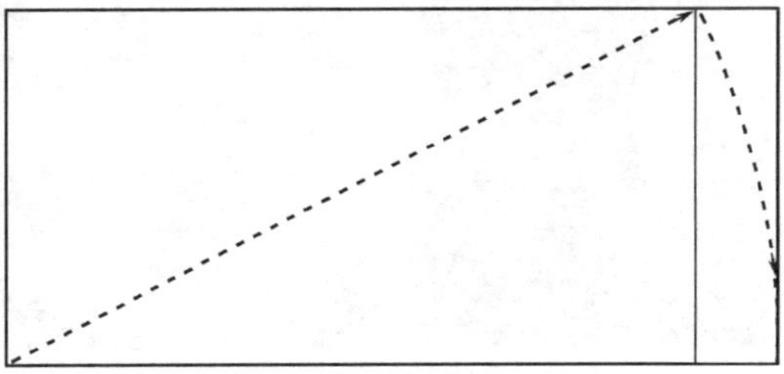

图 3-34　$\sqrt{5}$ 矩形

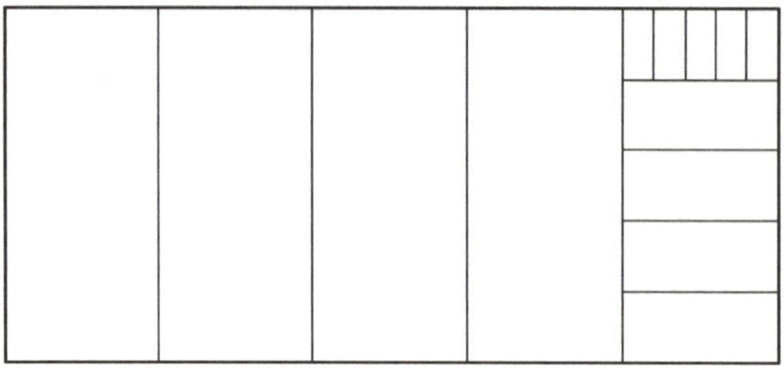

图 3-35　更多的 $\sqrt{5}$ 矩形

【案例 3–13】《贝多芬》海报 约瑟夫 · 米勒 · 布罗克曼 1955 年

布洛克曼以瑞士派国际风格或称国际版面风格的支持者闻名，他在 1940—1950 年间所设计的《市政厅音乐会》海报，便展现了格线体系的视觉结构，也是他一贯的设计准则。

如图 3-36 所示，这张海报作为一个概念性的作品，其在同心圆弧的集合律动，多与数学体系或音乐结构产生直接的关系，因而这件作品的各个结构与每个元素的大小、配置与相关位置都有理可循，布罗克曼利用各个同心圆弧在比例上的多层次变化，别出心裁地地呼应了贝多芬音乐的戏剧性，布罗克曼的所有作品，都可以用相同的方式进行几何分析，此外，数学规则与逻辑建构等方式，都常被运用在他的作品中。可以看出此海报形式可以视为一个 $\sqrt{2}$ 矩形，而所有圆形的共同圆心位置，就在正方形的下底线。

图 3-36　《贝多芬》海报及比例构图

第 4 章

产品视觉美学案例精选

4.1　香奈儿 5 号
嘉柏丽尔·香奈儿与恩尼斯·鲍 1921 年

设计师简介：嘉柏丽尔·香奈儿（1883—1971），法国时尚设计的先驱，著名品牌香奈儿的创始人，20 世纪时尚界的执牛耳者。1923 年，她在《芭莎》杂志上发表评论："简单就是所有真正优雅的基调。香奈儿的设计永远保持简单和舒适的风格。"

香奈儿 5 号简介：香奈儿 5 号是世界上最著名的香水之一，其创始者恩尼斯·鲍与香奈儿一起创造出了香水历史上的奇迹。

图 4-1　香奈尔 5 号香水瓶

基于 Total Look 的理念，香奈儿认为香水是女性整体装扮中最后一道画龙点睛的重要步骤。因此，就算当时只有香水世家才会推出香水，香奈儿也坚持推出品牌香水，而且 5 号香水的外观设计就像一瓶光溜溜的药瓶。不过，就是这种简单，形成了一股新的美学力量成功地打进了名媛淑女们高雅的心房。

如图 4-1 所示，香奈儿 5 号香水瓶有着状如宝石切割般形态的瓶盖、透明水晶的方形瓶身造型、线条利落、"CHANEL" 和 "N° 5" 这样的黑色字体呈现于白底之上，就是这一瓶当初时尚专家不看好的香水，在世界上当红的时间，竟比他们的寿命还要长久。也因如此，香奈儿 5 号香水瓶的现代美感令它在 1959 年获选为当代杰出艺术品，跻身于纽约现代艺术博物馆的展品行列。

1）前视图：黄金分割矩形构图、对角线构图

香奈儿 5 号香水瓶的前视图长宽比符合黄金分割比例，而 CHANEL 这个品牌的标志正好在整个瓶身的视觉中心即对角线的交点上。瓶盖的各个顶点在和对角线平行的同一直线上，整个瓶身十分整齐简洁，如图 4-2 所示。

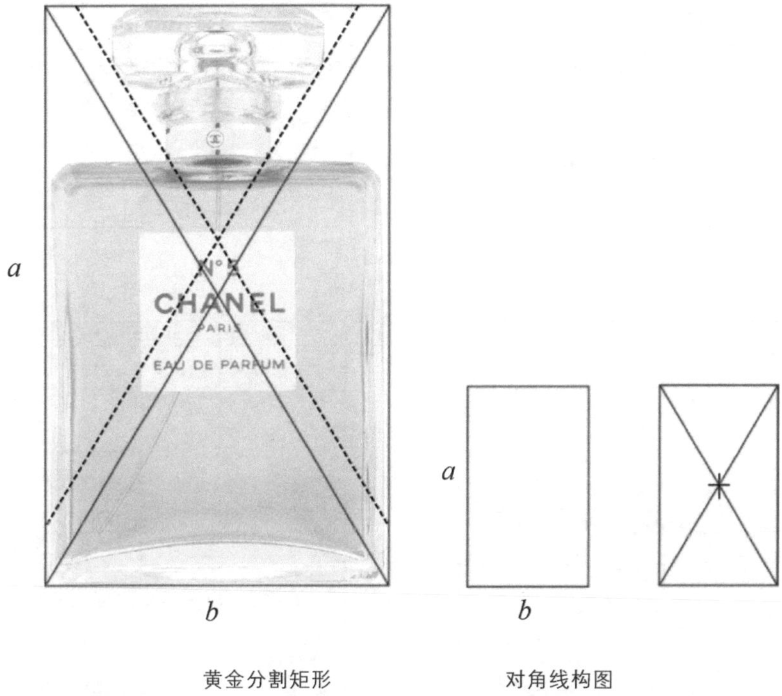

图 4-2　香奈儿 5 号香水瓶前视图构图

2）黄金分割矩形

如图 4-3（a）所示，将香奈儿 5 号香水瓶置于一个黄金分割矩形中，左边瓶身边缘顶着矩形的边缘线时，商标部分的白色上端处于黄金分割矩形的一次分割线上，而瓶盖最下方的边缘线处于黄金分割矩形的二次分割线上。

如图 4-3（b）所示，在黄金分割矩形的左上正方形中再放入一个黄金分割矩形，发现瓶盖最上端到白色标志最上端之间也符合黄金分割。

如图 4-3（c）、（d）所示，由红色黄金分割矩形看出，一、三、四次黄金分割分别决定了字体的位置。

图 4-3　香奈儿 5 号香水瓶的黄金分割矩形构图

3）对角线构图

在香水瓶的标志中，香奈儿 5 号的标志为一个正方形，“CHANEL”字体的下划线位于整个标志的中线上，而且所有字体的中心和整个白色标志的中心在一点，如图 4-4 所示。

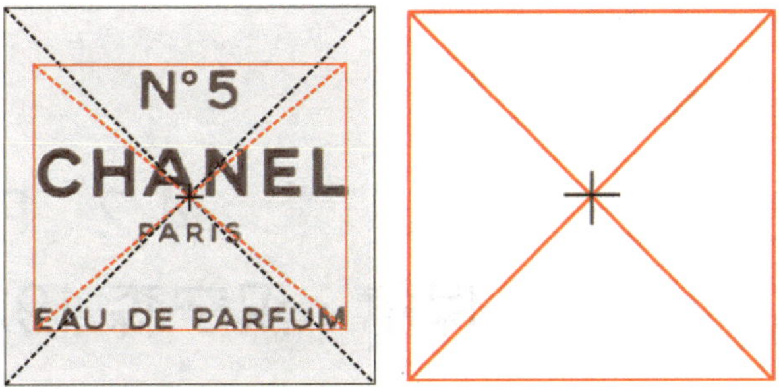

图 4-4　香奈儿五号标志的对角线构图

4）黄金分割矩形构图

以正方形的高为黄金分割矩形的长，“CHANEL”的上边沿线位于黄金分割矩形的一次分割线上 N° 5 的其实位置位于二次分割线上，将黄金分割矩形倒置，可以发现“PARIS”的下划线在一次黄金分割线上，如图 4-5 所示。

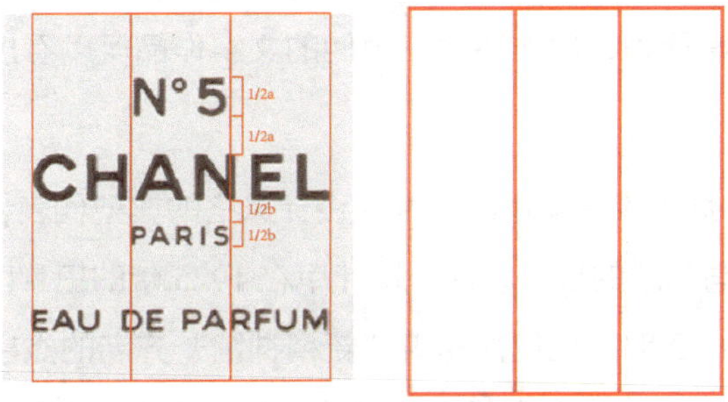

图 4-5　文字的黄金分割矩形构图

将黄金分割矩形横放，发现 N° 5 的最右端在黄金分割矩形的一次分割上，如图 4-6 所示。

图 4-6　横放的黄金分割矩形构图

4.2 PH 灯
保尔·汉宁森 1925 年

设计师简介：保尔·汉宁森（1894—1967），被誉为丹麦最杰出的设计理论家，他曾在哥本哈根的技术学校和丹麦科技学院学习。1920 年，汉宁森成为哥本哈根市独立建筑师，成功地执行了几幢住宅、工厂和两个剧院的室内设计。汉宁森的成名作是他于 1924 年设计的多片灯罩灯具，这件作品于 1925 年在巴黎国际博览会上展出并摘取了金牌。汉宁森的一生都保持了“巴黎灯”的精妙设计原则，除此之外，他还为几家报纸和期刊撰写文章，为剧院编写滑稽剧，创作诗歌。由他的文字作品可以看出，他还是一名犀利的社会与建筑批评家。

PH 灯简介：PH 灯不仅是斯堪的纳维亚设计风格的典型代表，也体现了艺术设计的根本原则：科学技术与艺术的统一。这一设计早在 1925 年的巴黎国际博览会上，便作为与著名建筑师勒·柯布西耶的世纪性建筑“新精神馆”齐名的杰出设计而获得了金牌及“巴黎灯”的美誉，至今仍是国际市场上的畅销产品，成为诠释丹麦设计“没有时间限制的风格”的最佳注脚，如图 4-7 所示。

1）整体构图：根号矩形

PH 灯的整体构图比例为一个 $\sqrt{3}$ 的矩形，如图 4-8 所示。

图 4-7　PH 灯

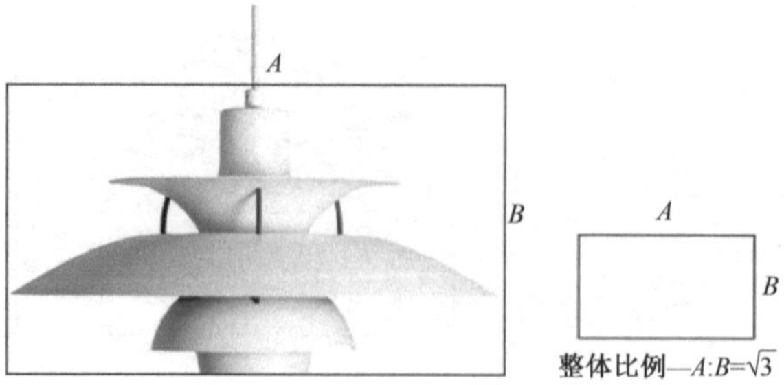

图 4-8　整体的构图比例

2）局部构图比例

PH 灯的局部构图比例为 a:b=d:c=5:4，富有节奏的整数比，如图 4-9 所示。

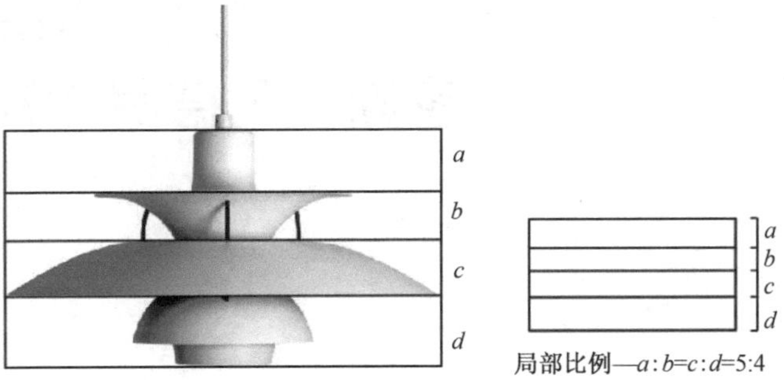

图 4-9　局部构图比例

3）局部构图：黄金分割椭圆、正圆

PH 灯中充满了黄金分割椭圆，各部分的线条都来源与不同大小的黄金分割椭圆，并且形成一定比例，圆 4∶圆 2=圆 1∶圆 3=2∶1，第二个灯罩的线条来源于正圆，如图 4-10 所示。

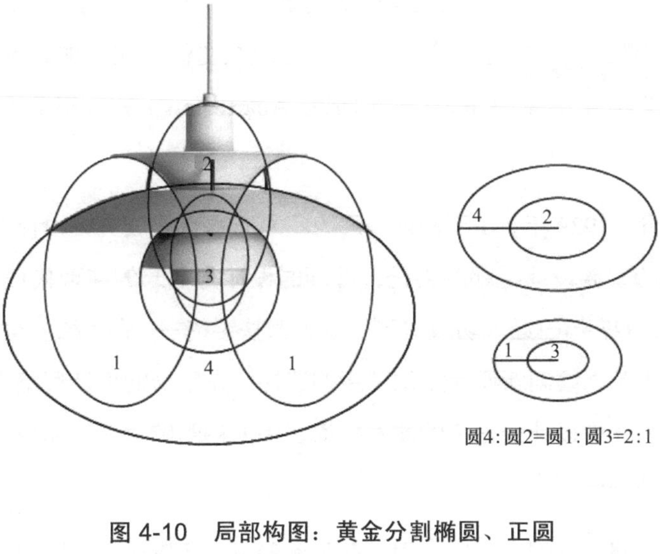

图 4-10　局部构图：黄金分割椭圆、正圆

4.3 布鲁诺椅
密斯 · 凡德罗 1929 年

设计师简介：密斯 · 凡德罗（1886—1969）出生于德国，是 20 世纪中期世界上最著名的四位现代建筑大师之一。密斯坚持“少就是多”的建筑设计哲学，在处理手法上主张流动空间的新概念。他的设计作品中各个细部精简到不可精简的绝对境界，不少作品结构几乎完全暴露，但是它们高贵、雅致，已使结构本身升华为建筑艺术。

密斯在 1908—1911 年间与著名建筑大师彼得 · 贝伦斯一起工作，并学到了相当多的东西。后来，他又采纳了鲍豪斯建筑学派的风格，并继承了瓦尔特 · 格罗皮乌斯（Walter Gropius）遗留的风格。这位德国土生土长的建筑师于 1937 年移居美国，1938—1958 年任芝加哥阿莫尔学院（后改名伊利诺工学院）建筑系主任。在芝加哥伊利诺工学院工作之际，由他设计的湖滨公寓（Lake Shore Drive Apartments）充分展示了他在科技时代的建筑天才。

布鲁诺椅简介：1929 年，由于密斯 · 凡德罗为巴塞罗那展览馆设计的建筑广受好评，受到了为吐根哈特家族设计宅邸的委托，并同时设计与宅邸的纯现代风格保持一致的内置家具。密斯于 1927 年已经成功改进了一款悬臂扶手椅——先生椅。当时，已经出现了全新的钢管弯曲工艺，给创新设计提供了新的选择。先生椅的设计思路来源于 19 世纪早期的铁管摇椅和由托内设计的著名的曲木摇椅。因为钢管的强度高所以可以将 MR 椅的框架设计为悬臂结构并简化设计。

吐根哈特的宅邸有一间大餐厅，里面有张大餐桌，可以坐 24 人，MR 椅最初就是特意为此而设计的。但使用先生椅作为餐椅并不方便，因为伸出来的扶手不适合放入桌下。于是密斯设计了一款扶手曲线低、造型紧凑的餐椅，正好可以放到桌子下面，并以吐根哈特生活过的城市布鲁诺为其命名。最初的布鲁诺椅采用皮质坐垫，并用钢管和扁钢为材质，这样使椅子的造型富有变化，如图 4-11 所示。

图 4-11　布鲁诺椅

如图 4-12 所示，从俯视图来看，椅子本身恰好容纳于一正方形中，前视图和侧视图恰好容纳进一个黄金分割矩形中前椅脚与椅背形成对称。扶手的倒角是不同大小圆的一部分。

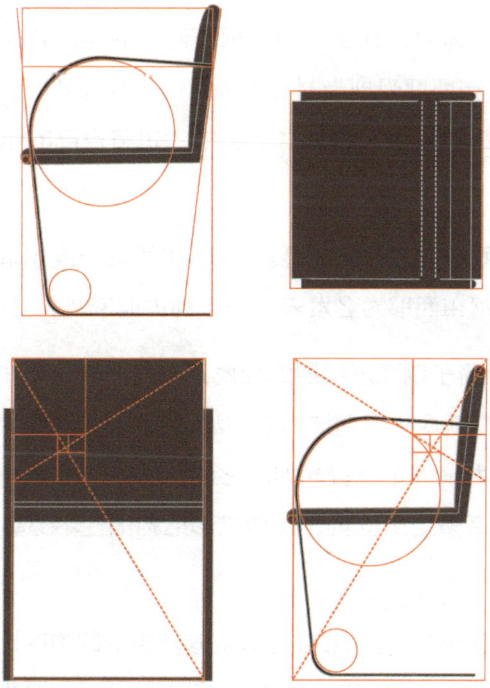

图 4-12　椅子的几何构图

4.4 躺椅
勒·柯布西耶 1929 年

设计师简介：柯布西耶（Le Corbusier,1887—1965），出生于法国，20 世纪最著名的建筑大师、城市规划家和作家，是现代建筑运动的激进分子和主将，被称为“现代建筑的旗手”。他和瓦尔特·格罗皮乌斯（Walter Gropius）、路德维格·密斯·凡·德·罗（Ludwig Mies van der Rohe）、赖特（Frank Lloyd Wright）均为“现代建筑派”或“国际形式建筑派”的主要代表。

躺椅简介：受过传统美术教育的建筑师们通常十分重视经典的比例原理，并且将这些原理同时运用于建筑或家具设计上。借由柯布西耶的作品躺椅能够看出他对细节和比例的坚持，1929 年，柯布西耶受到当时建筑师密斯·凡德罗所设计的钢管家具影响，甚至是更早期索涅特曲木家具运用集合形式的影响，也将自己的作品以简化的构图及风格呈现出来。

1927 年起，柯布西耶与室内设计师夏洛特·贝里安及皮尔瑞·吉纳瑞特一道，成功设计出系列家具，并以柯布西耶为名发表了一系列古典家具，其中包括了著名的躺椅。

如图 4-13 所示，该椅子以弧形延展的金属管架为滑轨，架在造型简单的黑色支撑底座上。这种有弧度的造型就像优雅简洁的双向滑动机关，让乘坐者的位置可以任意调动，并且靠摩擦力与地心引力来固定位置。如同它的几何弧形框架一般，躺椅的头枕也是几何形状的圆柱体，可以调整使用位置。此种弧形结构即使不靠黑色底座支撑，也能独立使用作为斜躺摇椅。

如图 4-14 所示，躺椅的各组成部分与黄金分割矩形的构图比例密切相关，躺椅结构圆弧的直径恰为黄金分割矩形的宽度，躺椅底座则为正方形构图。整体来说，躺椅的架构基本符合黄金分割矩形构图，而躺椅的整个弧度是正圆的一部分。

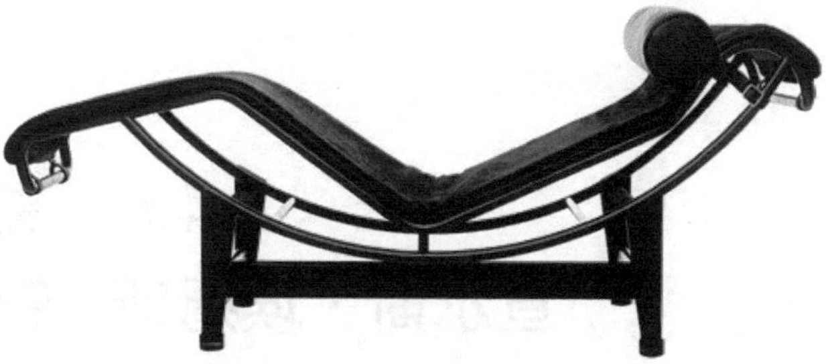

图 4-13 躺椅

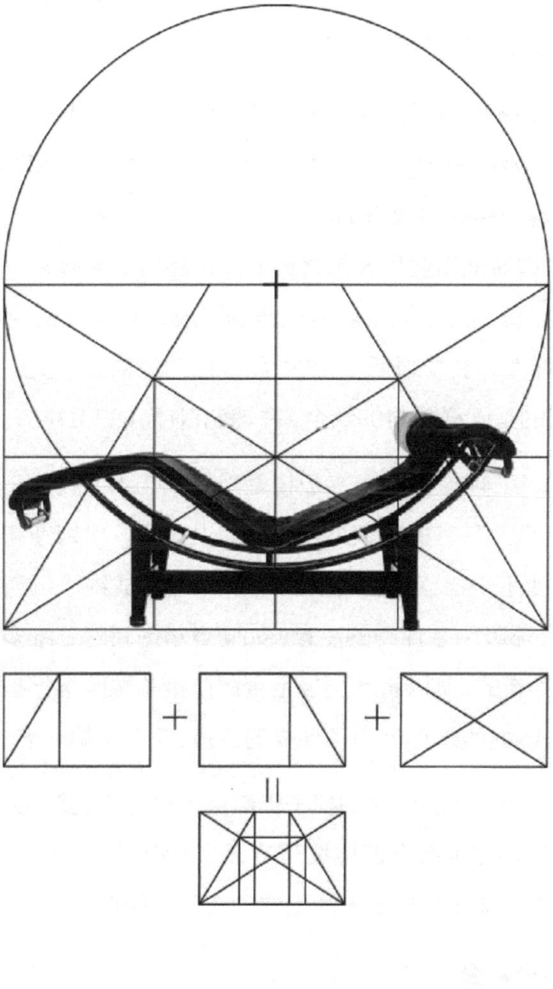

图 4-14 躺椅的几何构图

4.5 夹板椅
查尔斯 · 埃姆斯 1946 年

设计师简介：埃姆斯 • 查尔斯（1907—1978），美国设计师，以其颇有创意的由铝制管和模制的胶合板制成的椅子系列而闻名。

1940 年，查尔斯 • 埃姆斯和埃罗 • 沙里宁合作设计的夹板椅获得大奖，美国的家具设计就此异军突起。该椅子的靠背、底座和扶手由一块弯曲的胶合板以多层曲线型制作而成。尽管生产的是一种经过改进的样式，但这一原型成为后来两人设计的基础。埃姆斯于 1946 年推出的边椅把工业和天然材料的最佳品质结合起来。金属条提供了轻巧结实的支撑，而座垫和靠背则由胡桃木胶合板压制而成，颇为舒适轻巧。橡胶片把两个部分连接起来，增加了弹性。在埃姆斯于 1956 年推出的躺椅和“奥斯曼”软垫椅中，使用的是同样材料的结合，并辅配以厚实的垫衬料。

夹板椅简介：如图 4-15 所示，夹板椅是为现代艺术博物馆于 1940 年资助的一个名为”有机的家具竞赛”而设计的。埃姆斯和他的合作者埃罗 · 沙里宁探索将各种有机的形体组合成统一的整体。其优美的曲线外形吸引了评委的注意，如同当年创新的三维多层板塑型技术及一种新的、可以将多层板上金属连接的橡胶熔接技术一样，夹板椅优美的曲线外形吸引了评委的注意，获得了第一名。

图 4-15　夹板椅

当前这个由获奖作品发展而来的椅子仍然被大量生产，我们无法明确地说这个椅子是完全有意识地按照黄金分割矩形关系设计的，但是由于埃姆斯所受过的经典修饰艺术训练及与埃罗 • 沙里宁的合作，使得这个设计完全符合黄金分割。

1）黄金分割矩形构图

餐椅的各组件的比例均大致符合黄金比例，如图 4-16 所示。

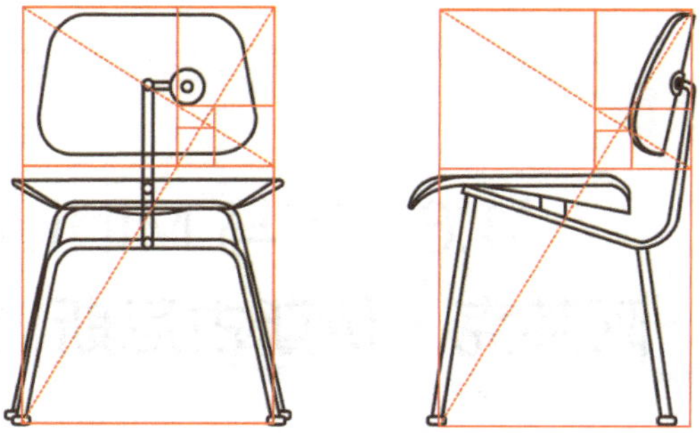

图 4-16　夹板椅的黄金分割矩形构图

2）圆形构图

椅子的各个部分的倒角都是正圆的一部分，并且比例为 1:4:6:8，如图 4-17 所示。

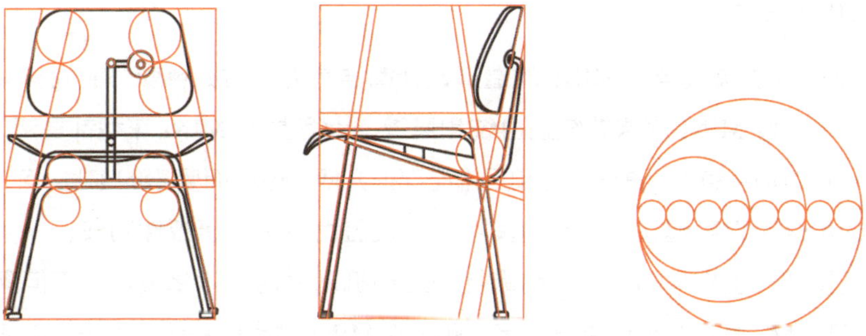

图 4-17　夹板椅的圆形构图

3）黄金分割矩形构图及对角线构图

椅背可以完美的涵括在黄金分割矩形之中，椅子的顶视图是正方形的对角线构图，如图 4-18 所示。

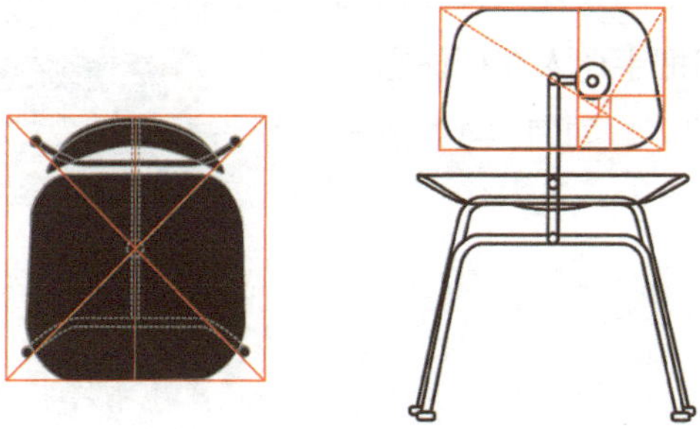

图 4-18　夹板椅的黄金分割矩形构图及对角线构图

4.6 宝马 MINI Cooper 阿莱克 · 伊斯古尼斯 1956 年

设计师简介：1956 年，欧洲汽油的供应紧张到了极点，英国政府开始强制执行燃油配额供给制度，这让 BMC 下定决心，开发一辆燃油效率最大化的小车。工程师阿莱克 · 伊斯古尼斯（Alec Issigonis）接受了这个课题。在戛那海滨酒店的一张餐巾纸上，伊斯古尼斯画下了 MINI 的第一张草图。

MINI 汽车的外观特点：MINI 的造型设计简洁有力，古典色彩与时尚感共存，又大又圆的头灯印证着 MINI 家族的纯正血统和风貌。大多数的 MINI 车型都是两门车，车门张开的最大角度可达 80° ，进出车门和后排座都很方便。短小而紧凑的车身、平坦的车顶、造型怪异的尾灯让它看起来十分精简灵巧。前机盖由单张金属板件制成，一直延伸至轮拱，堪称是设计和工程学的力作。前大灯与发动机罩采用一体化设计，不但醒目独特，而且显示了高度精确的生产和装配工艺。侧面的 MINI 腰线向后缓缓上升，向人展示出了一个动力十足的侧身，清晰地表明了该车的性能取向。前、后风窗玻璃的倾角设计得很小，侧窗玻璃也几乎没有弧度，天窗大得几乎覆盖了整个车顶，车门采用了无边框设计，为了保护玻璃并减轻关门时乘客耳部的不适，开门时侧窗玻璃会自动降下一点，门关好后又会自动升起，造型古老的镀铬门把手让人在握住它的瞬间就会萌生几分怀旧情怀。如图 4-19 所示为 MINI COOPER。

图 4-19　MINI COOPER

MINI 的历史

1957 年，MINI 的原始设计者亚力克 · 依斯哥尼爵士着手设计 MINI。

1958 年，第一部 MINI 原型车诞生。

1959 年，MINI 上市。

1961 年，MINI 声名大噪，全球刮起一阵“MINI 旋风”。MINI COOPER 997 问世。

1963 年，MINI 在 Alpine Rally 赛事中赢得冠军。

1965 年——MINI 之年，源自 MINI 的灵感，伦敦的一位服装设计师设计出了风靡全球的迷你裙。

1967 年，MINI Moke jeep-style 成为电视影集“The prisoner”的指定用车并第三度赢得蒙特卡洛赛冠军。

1994 年，BMW Group 购并 Rover Group、MINI、 Land Rover、 Rover 及 MG 等品牌，正式成为 BMW Group 旗下一员。

1995 年，MINI 被 Autocar 票选为欧洲的“世纪之车”。

1997 年，新 MINI 概念车在法兰克福车展中首度现身。

1998 年，MINI 击败 Jaguar、Bentley、 Aston、Martin 及 Triumph 等车种，成为吉尼斯世界纪录史上最成功的英国车。

1999 年，为庆祝 MINI 上市四十周年，纽约的 25 位 MINI 车迷同时挤进一部 MINI 车内，打破纪录。MINI 当选为欧洲的世纪之车。

2000 年 9 月，新款 MINI 在蒙特罗车展中亮相，旧款 MINI 宣告停产，共计生产 5 387 862 部。

1）正面构图 1：对角线构图

如图 4-20 所示，以 MINI 风窗玻璃最宽点为宽，以 MINI 的高为高，构成一个正方形，连接对角线，MINI 车的标志在正方形对角线的连接线上。水平平分线决定了散热器格栅的最高点。

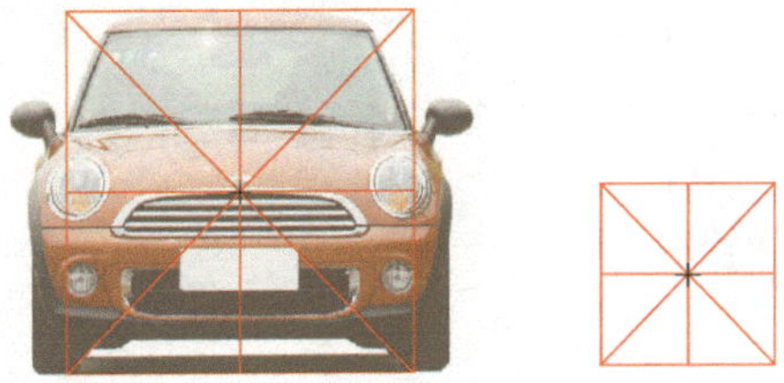

图 4-20 MINI 正面的对角线构图

2）正面构图 2：三分法构图

如图 4-21 所示，在以风窗玻璃宽度和 MINI 的高度为长款的正方形中，风窗玻璃的高度占车身高度的三分之一，车牌照的最高端在正方形的下三分之一处，而且宽度为正方形宽度的三分之一。

3）正面构图 3：黄金分割椭圆

如图 4-22 所示，MINI 车窗的弧度和轮胎的挡泥板的弧度都是黄金分割椭圆的一部分。

图 4-21　MINI 正面的三分法构图

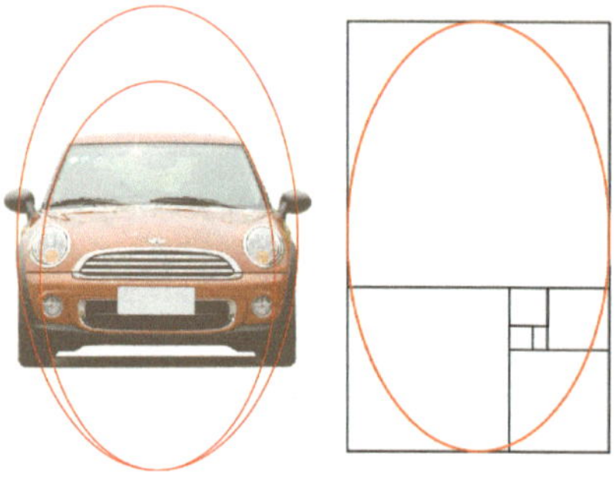

图 4-22　MINI 正面的黄金分割椭圆

4）侧面构图：黄金比例分割、圆形构图

如图 4-23 所示，以 MINI 的车身长为长，反光镜和中支柱都位于黄金分割线上，反光镜还在以车身高为总长的黄金分割线上，MINI ONE 的字体也在高度的黄金分割线上，后车轮圆心和把手在黄金分割矩形的对角线上，前车轮圆心和小灯还有前支柱都在同一条线上，车轮挡泥板的宽度和车轮的宽度相等。

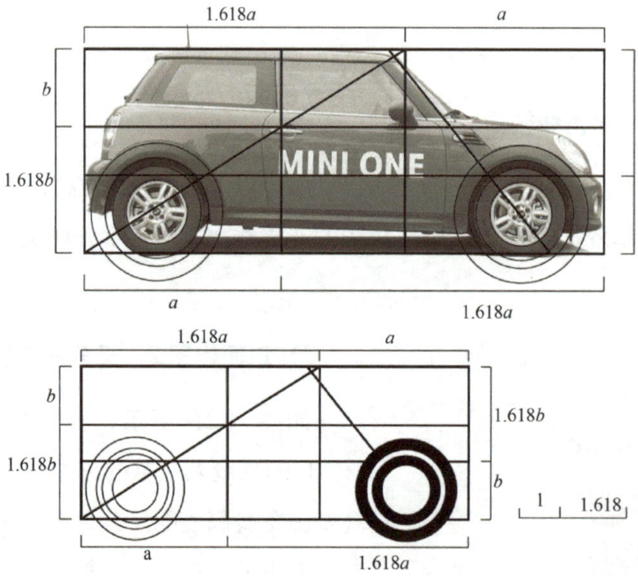

图 4-23　MINI 侧面的黄金比例分割、圆形构图

5）后视图构图 1：长方形构图

如图 4-24 所示，MINI 的后视图的长方形中，牌照位于中分线上，所有表面的部件和变化都是对称的。并且连线都和长方形对角线连线平行。

6）后视图构图 2：黄金分割

如图 4-25 所示，在 MINI 的后视图的长方形中，倒车灯和牌照灯在同一直线上，并且都在车高的黄金分割线上，最下面的装饰灯的左右两边都在车宽的黄金分割线上。

图 4-24　MINI 后视图的长方形构图

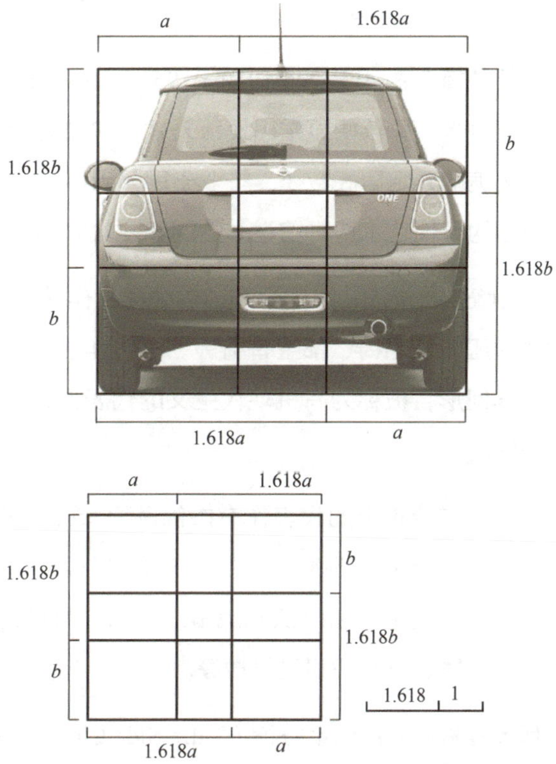

图 4-25　MINI 后视图的黄金分割构图

4.7　郁金香椅
埃罗·沙里宁 1957 年

设计师简介：沙里宁（1910—1961）是美国著名建筑设计师和工业设计师，生于芬兰的克柯鲁米。早年便显露出设计天才，1922 年获瑞典火柴盒设计第一名，1923 年 4 月随父移民美国，定居底特律，毕业于耶鲁大学建筑系。1940 年和伊姆斯设计的椅子获得了美国纽约现代艺术博物馆举办的国际现代家具设计比赛大奖。

20 世纪 40 年代，沙里宁与诺尔公司合作从事家具设计，代表作有 71 号玻璃纤维增强塑料模压椅、胎椅、郁金香椅等。这些作品都体现出有机的自由形态，而不是刻板、冰冷的几何形，被称为有机现代主义的代表作，作为工业设计史上的典范，至今仍广为流传和使用。

沙里宁在建筑上的代表作有杰佛逊纪念碑、耶鲁大学溜冰场、莫斯与斯泰尔学院、美国驻英大使馆、美国驻挪威大使馆、密尔沃基战争纪念馆、哥伦比亚广播公司大楼、航空公司候机楼等。

郁金香椅简介：郁金香椅（Tulip Side Chair）设计于 1957 年，采用了塑料和铝两种材料，由于圆足的特点，不会压坏地面，如图 4-26 所示。郁金香椅的形式是仔细考虑了生产技术和人体姿势才获得的，并不是故作离奇，它的自由形式是其功能的产物，并与某种新材料、新技术联系在一起。

图 4-26　郁金香椅子

1）黄金分割矩形构图

如图 4-27 所示，从侧面或正面来看郁金香椅，都精准地切合黄金分割矩形。椅唇（指椅垫与椅座形成如同唇部的区域）正好位于黄金矩形的中心点，椅脚与椅座相接处，宽度大约为椅垫宽度的三分之一。

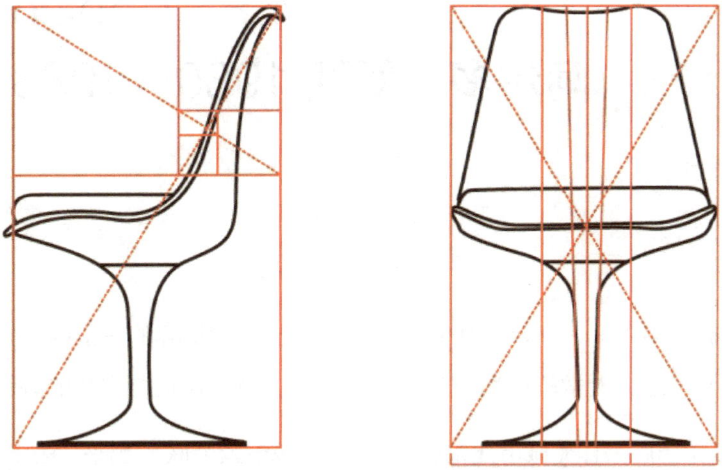

图 4-27　郁金香椅的黄金分割矩形构图

2）黄金分割椭圆构图

如图 4-28 所示，从郁金香椅的前视图可以看出整把椅子恰好可以置入黄金分割矩形，从椅子的正前方来看，可以看见两个重叠的正方形下方的正方形则包含椅背往下至柱角与椅垫相接处。柱脚的上下弧线完美地符合黄金椭圆比例。

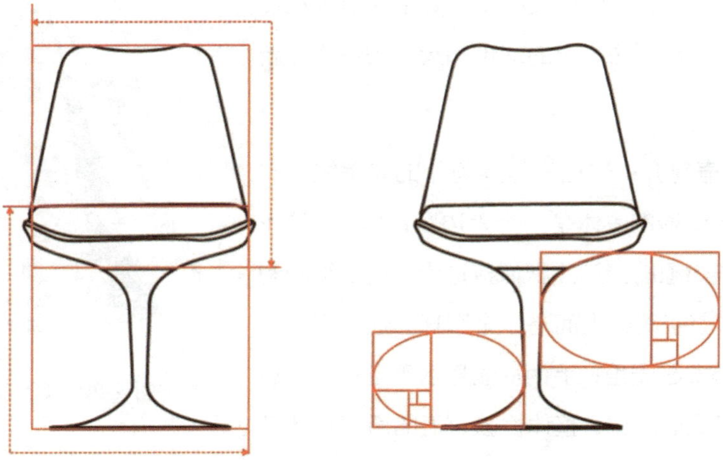

图 4-28　郁金香椅的黄金分割椭圆构图

4.8 Conico 壶
阿尔多 · 罗西 1980—1983 年

设计师简介：阿尔多 · 罗西（1931—1997）是当代建筑界的一位国际知名的建筑师，他出生于意大利米兰，大学毕业后曾从事设计工作，做过建筑杂志社的编辑，当过教授。

罗西 1966 年出版著作《城市建筑》，将建筑与城市紧紧联系起来，提出城市是众多有意义的和被认同的事物（urban facts）的聚集体，它与不同时代不同地点的特定生活相关联。罗西将类型学方法用于建筑学，认为古往今来，建筑中也划分为种种具有典型性质的类型及特征。罗西还提倡相似性的原则，由此扩大到城市范围，就出现了所谓“相似性城市”的主张。罗西将城市比作一个剧场，他非常重视城市中的场所、纪念物和建筑的类型。

罗西在 60 年代将类型学的原理和方法用于建筑与城市，在建筑设计中倡导类型学，要求建筑师在设计中回到建筑的原形去。它的理论和运动被称为“新理性主义”。

Conico 壶简介：这把壶是几何体的完美统一。如图 4-29 所示，壶的主体是一个等边圆锥体，这样可以让壶底面与热源的接触面积保持最大，达到能源利用的最大化；盖子的最上面是一个圆球，这样可以让我们很容易得拿起壶盖；手柄从壶身水平延伸，然后垂直下弯，和底面同宽，整体性强；壶的所有形状都是几何体。

图 4-29　Conico 壶

1）侧面构图 1：三分法构图

如图 4-30 所示，圆锥茶壶可以置于一个九宫格之中，我们可以看到壶盖位于九宫格三分之一处的壶嘴和壶把手的上端都在九宫格的三分线上，“ALESSI”标志位于九宫格三分线处，把手的下折线位于九宫格的边缘。

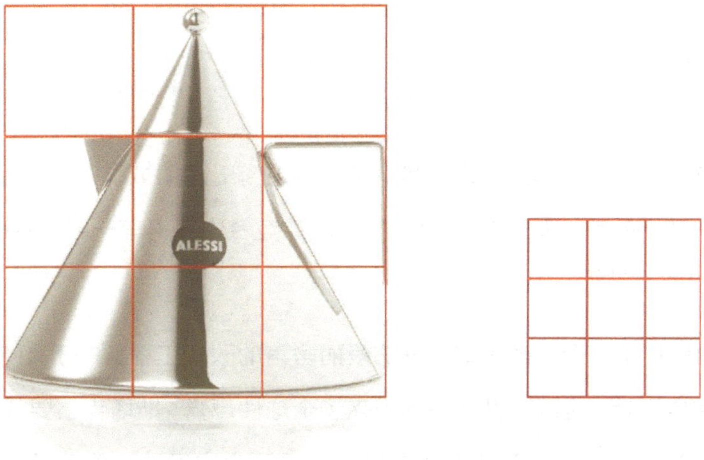

图 4-30　Conico 壶侧面的三分法构图

2）侧面构图 2：三角形构图

如图 4-31 所示，圆锥茶壶的壶身是一个正三角形，壶盖也是一个正三角形，让整个设计非常平稳有力。

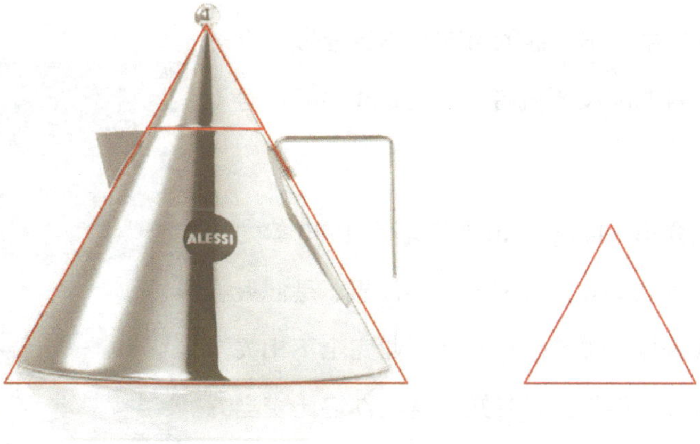

图 4-31　Conico 壶侧面的三角形构图

4.9 柠檬榨汁机
菲利普 · 斯塔克 1990 年

设计师简介：菲利普 ·斯塔克于 1949 年在法国巴黎出生，被誉为设计界的鬼才。1965 年，不满 16 岁的斯塔克在法国 LaVilette 家居设计竞赛中获得第一名，1968 年创立以其名字命名的公司。

斯塔克于 1980 年接受了密特朗总统的爱丽舍宫的改建工程，并于 1984 年完成巴黎 Costes 餐厅的室内设计，这两项设计为其带来了全球性声誉。斯塔克主要从事立体的产品造型设计，他涉猎甚广，从小型产品、服装、家具到室内设计、建筑设计，都能赋予其有力的雕塑感与揶揄式的视觉戏剧效果。

斯塔克几乎囊括了所有国际性设计奖项，其中包括红点设计奖、IF 设计奖、哈佛卓越设计奖等。他对自己的阐释是：“我平和、我能见所不见、我好奇、我善待宽容、我明智。”事实上，斯塔克的设计所向披靡，他的设计作品绝对是强有力的征服者，他的“能将欲望的冲动视觉化”的非凡能力，使得他闻名于世。斯塔克的尖锐性在于他从“后现代”步入，又从其中蜕出。他的目的并不是要做一个综合一些文化符号的随波逐流者，而是要成为新符号新象征的创造者。

图 4-32　Juicy Salif 榨汁机

柠檬榨汁机介绍：Juicy Salif 是斯塔克 1990 年为意大利家用品品牌 Alessi 设计的一款榨汁机，是他最为著名的一件代表作，哪怕是与设计行业完全不相关的人，或许都看过这件作品，其知名度或许堪比麦当劳和可口可乐之于大众的认知度。如图 4-32 所示，这件设计是菲利普 • 斯塔克的简约主义风格的最集中、最经典、最彻底、最完美的体现。

Salif 是 Alessi 品牌历史上最畅销的商品之一，即使在今天看来，它的造型依然非常前卫，可以想象在 20 多年前，当它面市时造成的轰动效应，其简约并略显怪异的造型让当时的大众眼前一亮。评论家认为这是一件表达惊悚之感的作品，外形像蜘蛛或者是火星人的飞行器，去掉了一切多余的装饰元素，通体采用抛光的金属材料，极其洗练并且将形式与功能完美地结合起来。Juicy Salif 在现代设计史上占有绝对的不可磨灭的地位，以至于 Alessi 在它的产品宣传册上，建议用户不要使用它，而是将其作为摆设，事实上，大部分购买它的顾客，确实是被其雕塑般的优雅设计所吸引的，在某种意义上，Juicy Salif 的艺术价值早已超越其实用价值，或许称之为艺术品更为合适。

1）顶视图：圆形构图、正三角形构图

如图 4-33 所示，柠檬榨汁机的三个支架形成一个正三角形形构图，榨汁机的身体由 12 瓣构成，形成一个圆形构图。正三角形的中心和圆的圆心重合。

2）侧视图：黄金分割矩形构图

如图 4-34 所示，整个设计可以说是位于一个黄金椭圆之中，红色实线代表黄金矩形，两个黄金分割矩形分别确定了榨汁机的 1、2、3 几个位置，榨汁机的果汁滴口位置 4 落入黄金椭圆的中心点，黄金分割矩形的对角连线和黄金椭圆的轴连线分别确定了榨汁机 5、6、7、8 位置，2 和 9 的连线在黄金矩形对角线的平行线上。

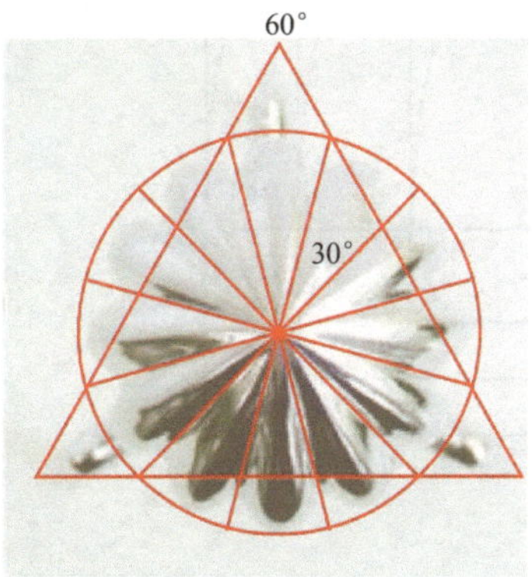

图 4-33　榨汁机顶视图的圆形构图、正三角形构图

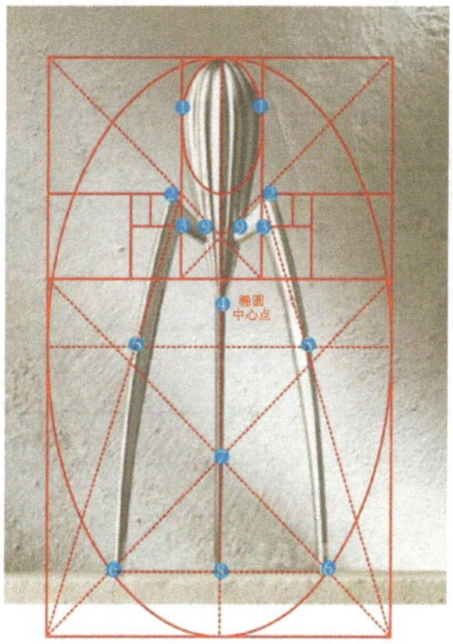

图 4-34　榨汁机侧视图的黄金分割矩形构图

3）整体比例：根号矩形比例、黄金分割比例，正方形构图

如图 4-35 所示，在柠檬榨汁机的整体构图比例中，充满了根号比例和黄金分割比例，让整个榨汁机就像一件艺术品那样耐看。

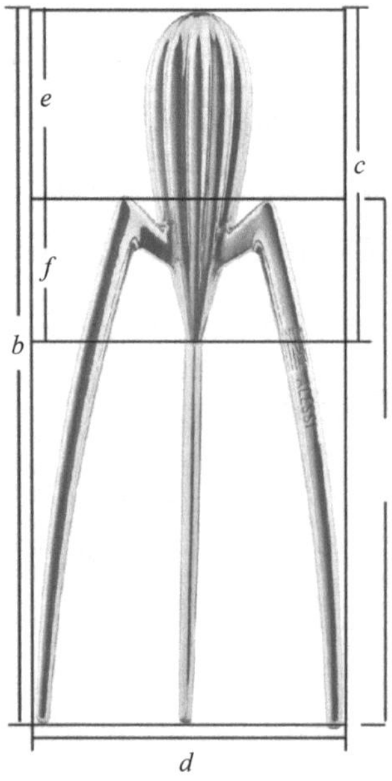

（a）整体构形

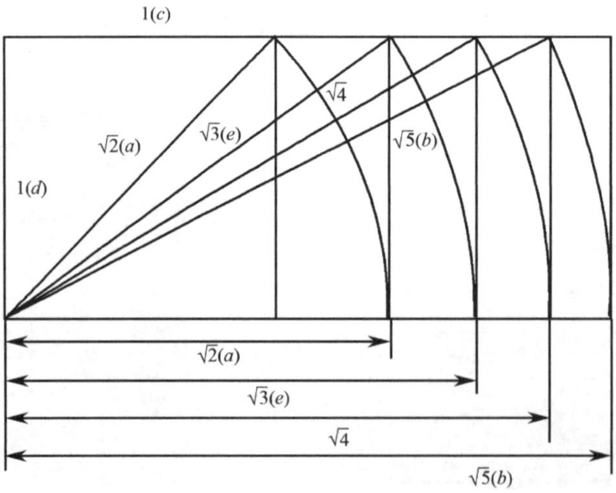

（b）正方形

图 4-35　榨汁机的整体比例解析

4.10 卡地亚手表

品牌介绍：卡地亚（Cartier SA）是一间法国钟表及珠宝制造商，于 1847 年由 Louis-François Cartier 在巴黎 Rue Montorgueil 31 号创办。1874 年，其子亚法・卡地亚继承其管理权，由其孙子路易・卡地亚、皮尔・卡地亚与积斯・卡地亚将其发展成世界著名品牌。现为瑞士历峰集团（Compagnie Financi è re Richemont SA）下属公司。1904 年曾为飞机师阿尔拔图・山度士・度门设计世界上首只戴在手腕的腕表——卡地亚山度士腕表（Cartier Santos）。卡地亚 925 纯银女士石英手表如图 4-36 所示。

1）表盘构图 1：网格构图

如图 4-37 所示，卡地亚 925 纯银女士石英手表符合 3×3 的构图比例。

图 4-36　卡地亚 925 纯银女士石英手表

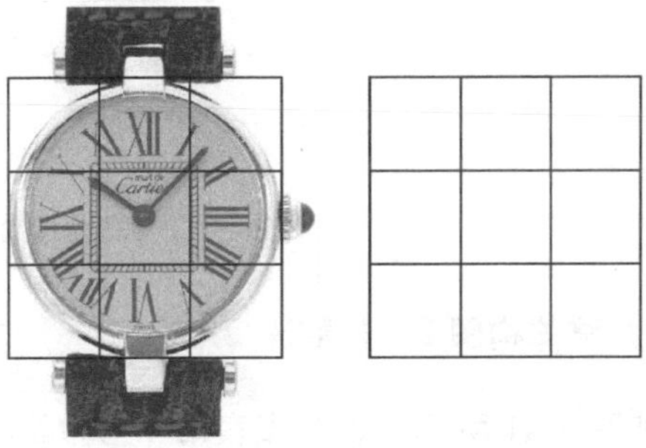

图 4-37　表盘构图 1：网格构图

2）表盘构图 2 及正方形、圆形

如图 4-38 所示，表盘外圈是一个圆形，内部是一个正方形，内部正方形外圈边长和字母最外圈直径的比例是 1∶2。

3）表盘构图 3：黄金比例

如图 4-39 所示，石英表最外圈到内部正方形的距离和正方形边长到圆心距离比为

1.618:1。

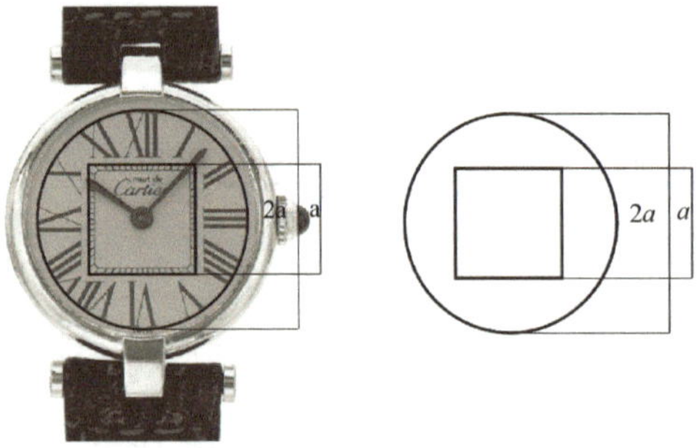

图 4-38 表盘构图 2：正方形、圆形

图 4-39 表盘的黄金比例构图

4）整体构图 1：平方根比例

如图 4-40 所示，表的大小和表带的宽度比为$\sqrt{3}:1$，如下图所示。

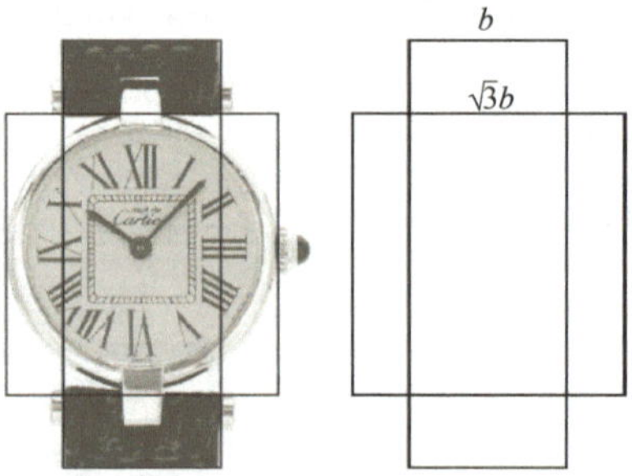

图 4-40 表盘整体构图 1：平方根比例

5）整体构图 2：整数比

如图 4-41 所示，表宽和表带（含金属部分）的比例是 3:2。

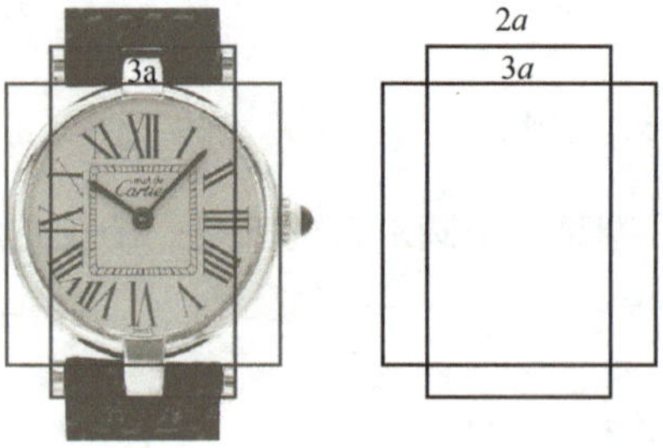

图 4-41 表盘整体构图 2：整数比

4.11 iPod shuffle 4 代
史蒂夫 · 乔布斯 2005 年

设计师简介：史蒂夫 · 乔布斯（1955—2011）是发明家、企业家、美国苹果公司联合创办人、前行政总裁。1976 年乔布斯和朋友成立苹果电脑公司，在起落与复兴中先后领导和推出了麦金塔计算机、iMac、iPod、iPhone 等风靡全球亿万人的电子产品，深刻地改变了现代通讯、娱乐至生活的方式。2011 年 10 月 5 日他因病逝世，享年 56 岁。乔布斯是改变世界的天才，他凭敏锐的触觉和过人的智慧，勇于变革，不断创新，引领全球资讯科技和电子产品的潮流，把电脑和电子产品变得简约化、平民化，让曾经是昂贵稀罕的电子产品变为现代人生活的一部分。

iPod 简介：iPod 是一款苹果公司设计和销售的便携式多功能数字多媒体播放器。iPod 系列中的产品都提供设计简单易用的用户界面，除 iPod touch 与第六、七代 iPod nano 外皆由一环形滚轮操作。在早期，大多数 iPod 产品使用内置的硬盘储存媒介，直到现在仅剩下 iPod classic 维持着这种储存方式，而 iPod nano、iPod shuffle 及 iPod touch 则早已采用闪存。iPod 也可以作为电脑的外置数据储存设备使用。

全新 iPod Shuffle 是一款会说话的 iPod ，身材娇小——仅高 45.2 mm、厚 7.8mm。新款 iPod Shuffle 唱念俱佳，声色兼备，如图 4-42 所示。

图 4-42　iPod

控制按键从 iPod Shuffle 的机身处移到了耳机线上的耳塞下方，iPod Shuffle 因此变得更小，但功能却完全不受影响。控制按键的位置十分恰当，使用起来非常方便。

如图 4-43 所示，iPod shuffle 的设计主要是圆形和长方形构成，里面充满各种比例关系，ipod 的键盘的外圈和内圈比，正面按键上标志的大小比例侧面按键间的距离，按键和黑色插口的大小之间的比值都接近黄金比例，正面圆圈按键与边缘的距离为 1∶2，侧面按键的大小和侧面的宽度也为 1∶2，侧面的夹子到实体部分和实体的比例为 1∶2。侧面顶点与中点的连线确定了各部分的长度。

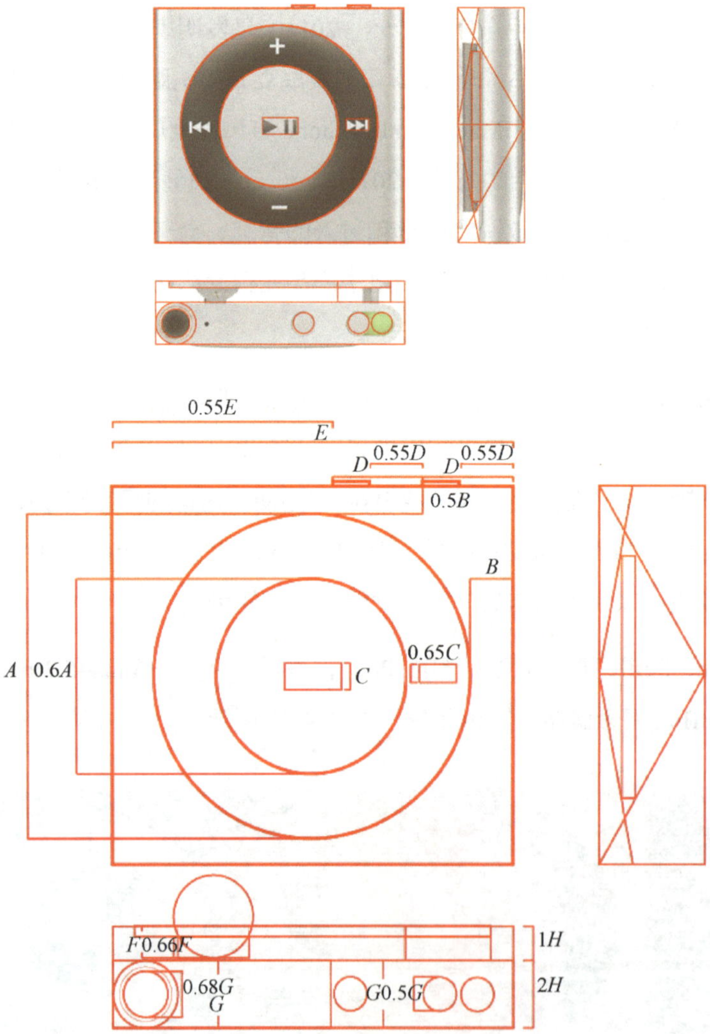

图 4-43　iPod 的几何构图

4.12 iPhone 4 史蒂夫·乔布斯 2010年

iPhone 4 设计介绍：如图 4-44 所示，iPhone 4 是结合照相手机、个人数码助理、媒体播放器及无线通信设备的掌上设备。iPhone 没有键盘，而是创新地引入了多点触摸（Multi-touch）触摸屏界面。

图 4-44 iPhone 4

iPhone 4 厚度仅有 9.3mm，相对于 iPhone 3GS 12.3mm 的厚度，变薄了 24%。

iPhone 4 加入了双 Mic 设计，其中一个副 Mic 可以起到主动降噪的作用，这大大提高了 iPhone 4 的通话质量。

iPhone 4 之所以能够做到如此之薄，其中一个制胜的点是 iPhone4 将手机的天线和边框整合在一起，侧边的不锈钢框架天线分为两段，充当两个天线。其中一边负责蓝牙、WiFi 和 GPS 信号的接收，另一边负责 UMTS（通用移动通信系统）和 GSM 手机信号接收，这一设计非常实用。

除此之外，iPhone 4 的按键风格，也是全新设计。iPhone 4 的前后面板采用了特殊的钢化玻璃，是塑料坚硬程度的 30 倍，所以非常耐划。被认为乔布斯最经典的杰作之一，也是临终前最后一部杰作。

（1）如图 4-45 所示，iPhone 最上端到屏幕的距离：屏幕高度：屏幕下端到 iPhone 下边缘的距离=1∶4∶1。

（2）如图 4-46 所示，从整体比例上看，iPhone 的长宽比约为 2:1。

（3）如图 4-47 所示，屏幕左边到屏幕距离：屏幕宽度：屏幕到屏幕右边距离=1∶14∶1。

（4）如图 4-48 所示，从屏幕比例上分析，iPhone 的屏幕长宽比为 3∶2。

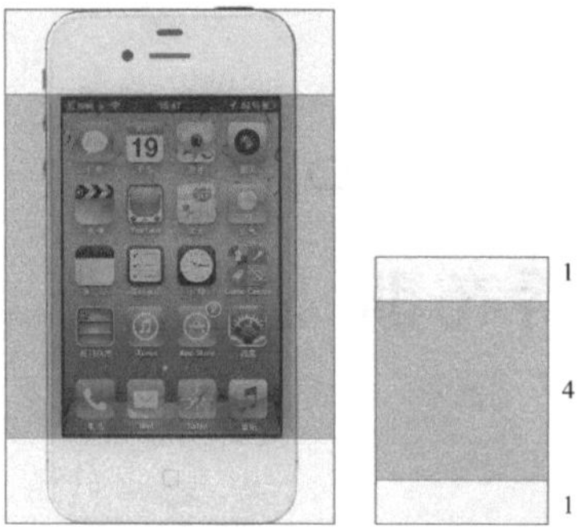

图 4-45　iPhone 4 产品高度比

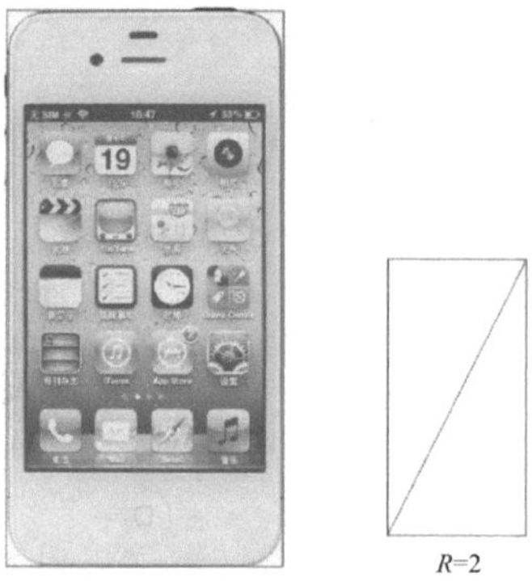

图 4-46　iPhone 4 产品长宽比

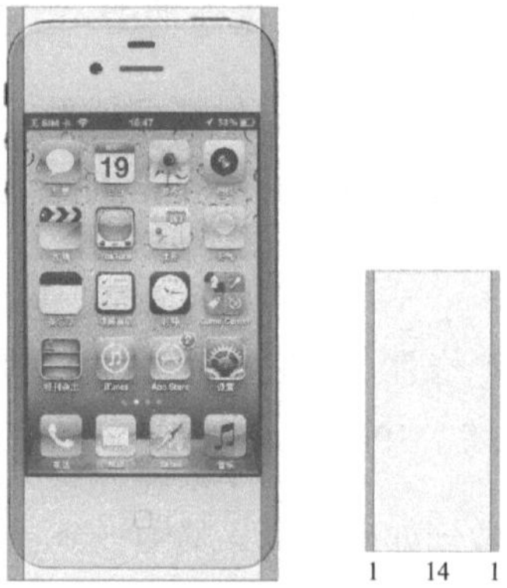

图 4-47　iPhone 4 产品宽度比

图 4-48　iPhone 4 产品屏幕长宽比

（5）整数比构图，如图 4-49 所示。

左边到按键的距离:按键长度:按键到右边距离=2:1:2。

屏幕到按键距离:按键长度:按键到底边距离=1:2:1。

左边到摄像头距离:摄像头到右边距离=1:2。

上边到听筒距离:听筒到屏幕距离=1:1。

上边到黑条距离:黑条到听筒距离=1:1。

（6）$\sqrt{2}$ 比例构图、整数比构图、黄金比例构图，如图 4-50 所示。

左边到充电口的距离与总宽的比例是 1: $\sqrt{2}$，充电口的长度与充电口到听口的距离比例为 2:3，听筒的长度与听筒到充电口德距离比例为 0.618:1，顶端到听筒的下端与总高的比为 0.618:1。

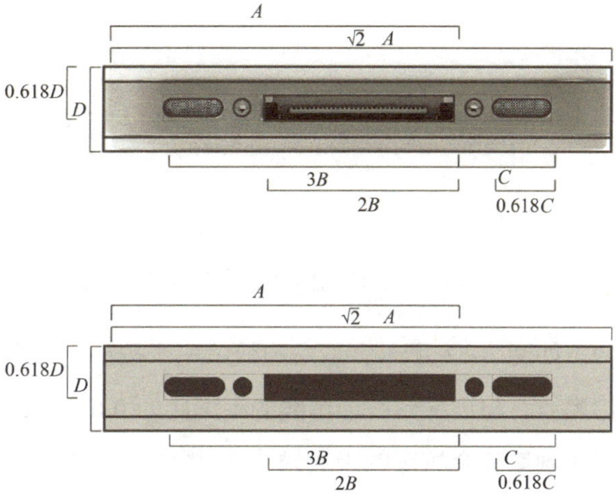

图 4-49 iPhone 4 产品整数比构图 图 4-50 iPhone 4 产品 $\sqrt{2}$ 比例构图、整数比构图、黄金比例构图

（7）整数比构图、黄金分割比构图，如图 4-51 所示。

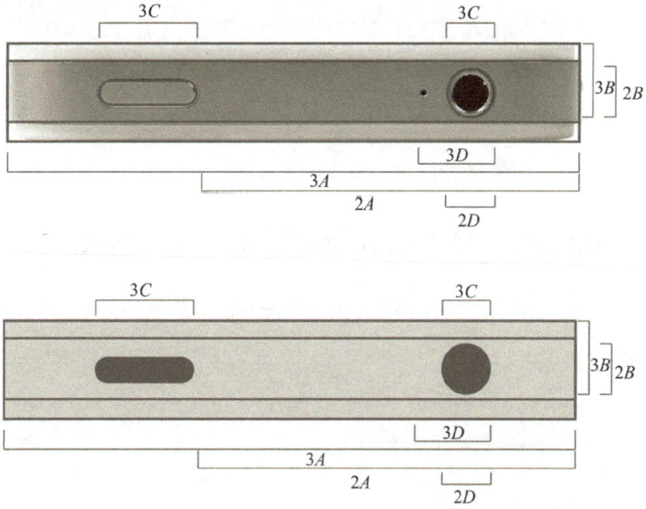

图 4-51 iPhone 4 产品整数比构图、黄金分割比构图

开机键右边和总宽的比为 2:3，顶端到耳塞口的距离和总高为 2:3，听筒的长度和按键的长度比为 2:3，听筒的宽度和圆孔到听筒的距离比为 2:3。所以 iPhone 顶端的比例接近 2:3。

（8）如图 4-52 所示，磁卡左边到右边的距离和总宽的比例为 0.618:1，左边到黑线的距离和磁卡宽度比为 2:3。

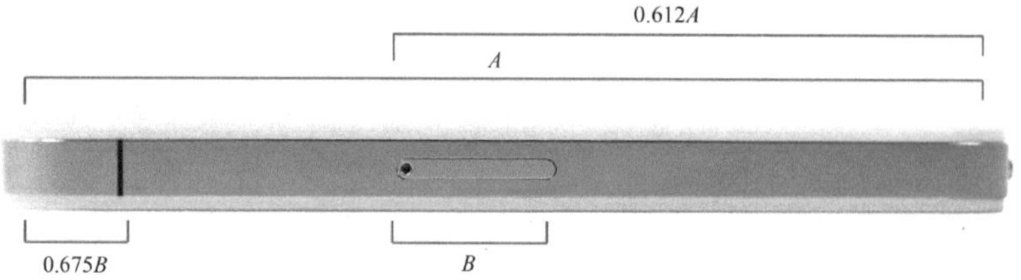

图 4-52　iPhone 4 产品侧边比（a）

（9）如图 4-53 所示，从左边数第三个按键到最右边的距离与总宽度比为 2:3，边缘到左边黑线，与边缘到右边黑线的距离比为 0.618:1，第一个按键右端到第三个按键的距离和黑线到第三个按键的距离为 2:3，黑线到第二个按键右边的距离和黑线到第三个按键的距离为 2:3。

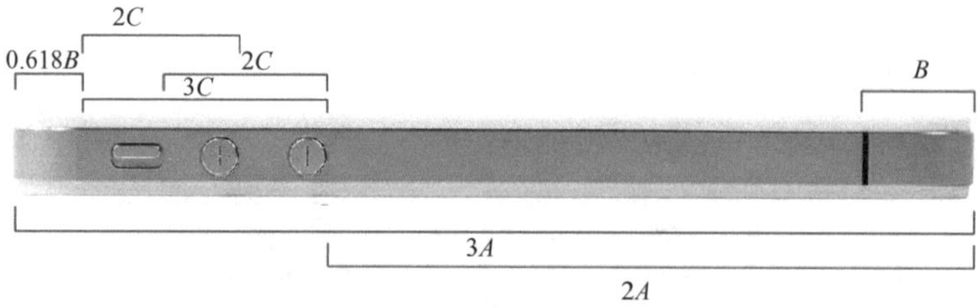

图 4-53　iPhone 4 产品侧边比（b）

（10）整数矩形比构图、黄金分割矩形构图，如图 4-54 所示。

在 iPhone 的键面构图中也充满着各种整数比例和黄金分割比例，iPhone 可谓是把黄金比例运用到极致。

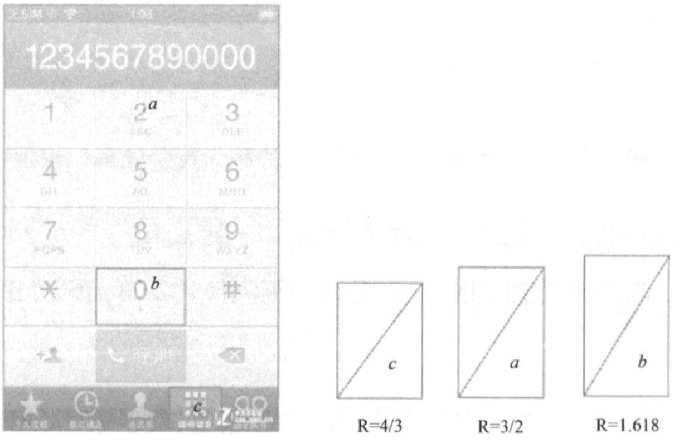

图 4-54　iPhone 4 产品整数矩形比构图、黄金分割矩形构图

第 5 章

标志视觉美学案例精选

5.1 iCloud 标志
史蒂夫 · 乔布斯 2011 年

iCloud 简介：iCloud 是苹果公司所提供的云端服务，让使用者可以免费储存 5GB 的资料。

2011 年 5 月 31 日，Apple 官方公布 iCloud（见图 5-1），宣称 iCloud 将会取代 MobileMe。iCloud 是基于原有的 MobileMe 功能全新改写而成，提供了原有的邮件、行事历和联络人同步功能。2011 年 6 月 6 日，苹果公司执行长乔布斯抱病主持全球开发者大会（WWDC），正式发表云端服务 iCloud、iOS 5 及 OS X Lion，其中 iCloud 的功能是存储内容，包括购买的音乐、应用、电子书等推送到所有设备。

相较于 Google 和 Amazon 的云端音乐服务，苹果认为 iCloud 功能更强大，最主要是有“扫描配对”（scan and match）功能，iCloud 服务让用户可在任何装置上存取先前从 iTunes 购买的音乐，iOS 5 的多项更新也是为整合 iCloud 而设置的。

1）圆形构图黄金比例

iCloud 的图标由四个圆构成，而且这四个圆分别呈现黄金比例，如图 5-2 所示。

图 5-1　iCloud 标志

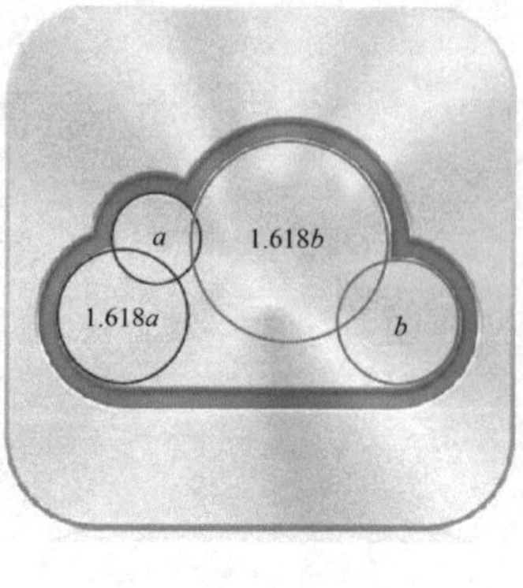

图 5-2　iCloud 标志的图形构图

2）黄金分割矩形

iCloud 的图标符合黄金分割比例，如图 5-3 所示。

3）对角线构图

iCloud 的图标外圈可以置于一个正方形中，并且整个标志的中心和云朵的中心重合，如图 5-4 所示。

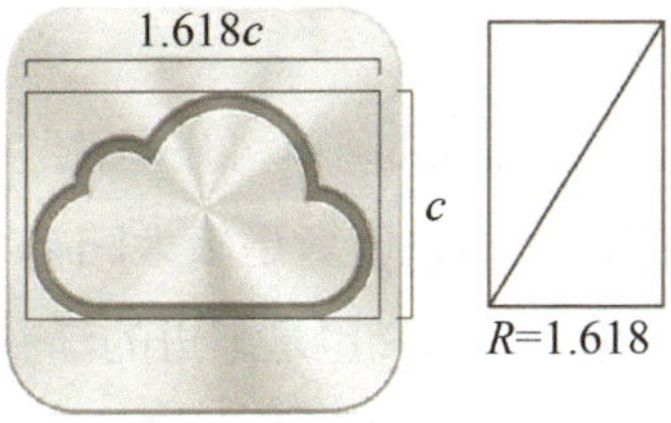

图 5-3　iCloud 标志的黄金分割矩形

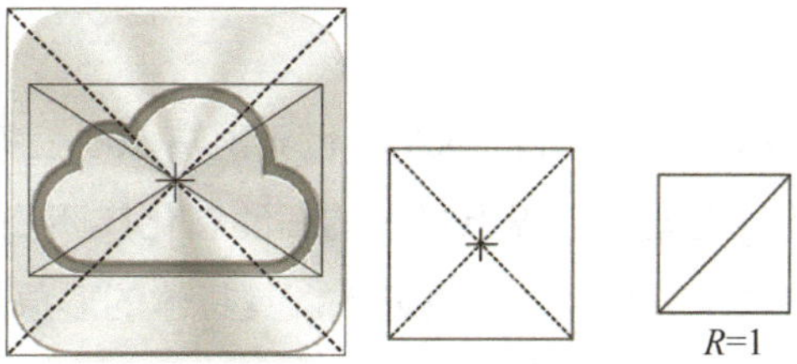

图 5-4　iCloud 标志的对角线构图

4）网格构图

将 iCloud 图标分割成为 3 × 3 的网格，我们发现标志外圈的倒角是最小单元格的圆弧，如图 5-5 所示。

图 5-5　iCloud 的网格构图

5.2 英国石油标志 1909 年

BP 公司简介：2009 年世界财富 500 强第四强企业——英国石油阿莫科公司，是石油界的巨无霸、世界上最大的石油石化集团公司之一。它的标志形象创意是新太阳神，这个形象十分通俗，平易近人。其具体的形象是无限扩展的花朵，色彩也是渐进的渐变色，在视觉上非常耀眼。整个形象具有强烈的扩展感，鲜明大胆的色彩代表自然和生命力，象征 BP 环保、领先的地位以及“超越燃油”的目标，如图 5-6 所示。

图 5-6　BP 公司标志

1）同心圆构图

BP 的整个标志根据色彩的渐变可以看成由距离相等的同心圆构成，如图 5-7 所示。

2）黄金分割比例构图

如图 5-8 所示，构成 BP 标志的旋转圆组成的最外圈大小和 BP 标志的最外圈大小的比接近黄金比率 1.618。

图 5-7　BP 标志的同心圆构图

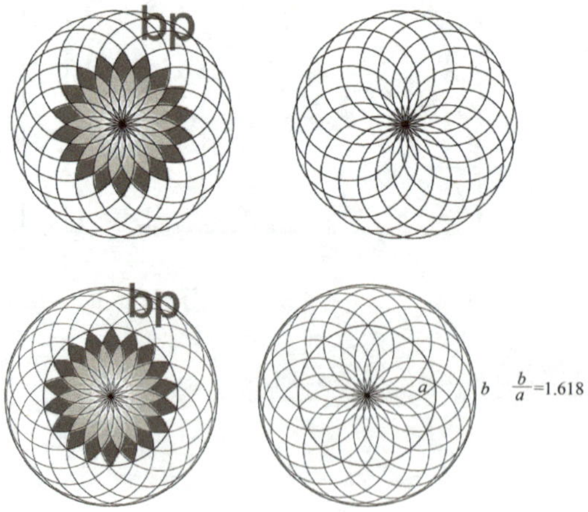

图 5-8　BP 标志的黄金分割比例构图

5.3 奥迪标志
奥古斯特 · 霍希 1932 年

奥迪标志简介：奥迪轿车的标志为四个圆环，分布代表着合并前的四家公司——最初设在萨克森州的奥迪（Audi）汽车公司、霍希（Horch）汽车公司、漫游者（Wanderer）汽车公司及 DKW 汽车公司，这些公司曾经是自行车、摩托车及小客车的生产厂家。

德国奥迪公司制造汽车与摩托车的历史可追溯到 19 世纪，对当时德国汽车工业的进步作出了杰出的贡献。这四家汽车公司于 1932 年合并为汽车联盟股份公司，从汽车产量而言成为了当时德国第二大汽车制造公司，商品标志为四个连接的圆环。

第二次世界大战以后，汽车联盟股份公司位于萨克森州的汽车制造厂被苏联占领军没收并拆除。此后，该公司的很多高层人员前往巴伐利亚，并于 1949 年在英戈尔斯塔特（Ingolstadt）建立了汽车联盟股份有限公司，它继承了老汽车联盟的传统，仍以四个连环作为标志。汽车联盟股份有限公司和 NSU 股份有限公司于 1969 年合并，组成奥迪—NSU 汽车联盟股份公司；1985 年，该公司改名为奥迪股份公司，总部迁至英戈尔斯塔特，四环标志沿用至今，如图 5-9 所示。

图 5-9　奥迪标志

1）黄金分割矩形

奥迪的整个标志符合黄金分割矩形，奥迪标志的四个环中，两个环正好置于一个黄金分割矩形之中，如果以奥迪标志的高为黄金分割矩形的高，可以发现内圈圆正好由黄金分割矩形的分割线交点确定，如图 5-10 所示。

图 5-10　奥迪标志的黄金分割矩形

2）圆形构图

奥迪标志由四个同样大小的圆环构成，大小相等距离相同，如图 5-11 所示。

图 5-11　奥迪标志的圆形构图

3）三角形构图、圆形构图

奥迪标志的字体被简化为基本图形，其中 A 子母为正三角形的构图，而在 UDI 中都是由基本形圆构成，在同一个字母中，大圆半径是小圆半径的两倍，如图 5-12 所示。

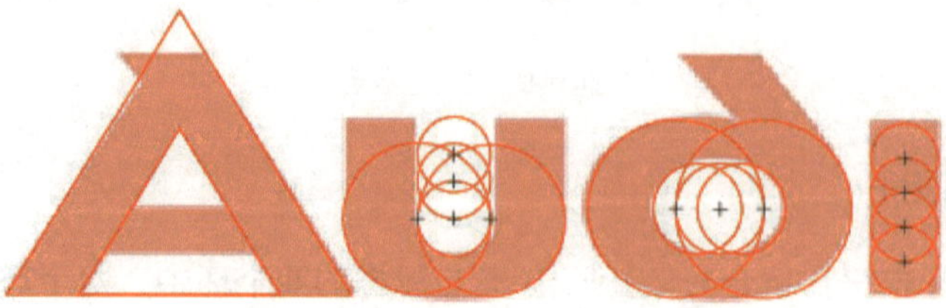

图 5-12　奥迪标志字体的三角形构图及圆形构图

5.4 宝马 MINI 标志 阿莱克·伊斯古尼斯 1959 年

MINI 曾属于罗孚汽车公司，2000 年罗孚将 MINI 的经营权交给宝马汽车公司。宝马在 2000 年初将路虎转卖给福特，却将 MINI 留了下来，并为其投入了近 3.6 亿欧元，重建了设在英国牛津的 MINI 车厂。2001 年，经过宝马重新设计的全新 MINI 问世了。也正是在那个时候，MINI 可爱的家族式特征才逐渐形成。MINI 的名字甚至成为人们生活中微型和袖珍的代名词。中文译音“迷你”用在许多商品上——迷你裙、迷你音响等，但许多人不知道“迷你”是来自于一辆车的名称，这也是世界上唯一被用于生活名词的汽车名称。

MINI 在 40 年的生涯中，已经累积生产了 540 多万辆，成为英国销量最佳的单一品牌轿车。MINI 标志如图 5-13 所示。

图 5-13 MINI 标志

1）黄金椭圆构图、正圆构图

宝马 MINI 小翅膀外圈的弧度是黄金椭圆的一部分，中间部分由几个同心圆构成，如图 5-14 所示。

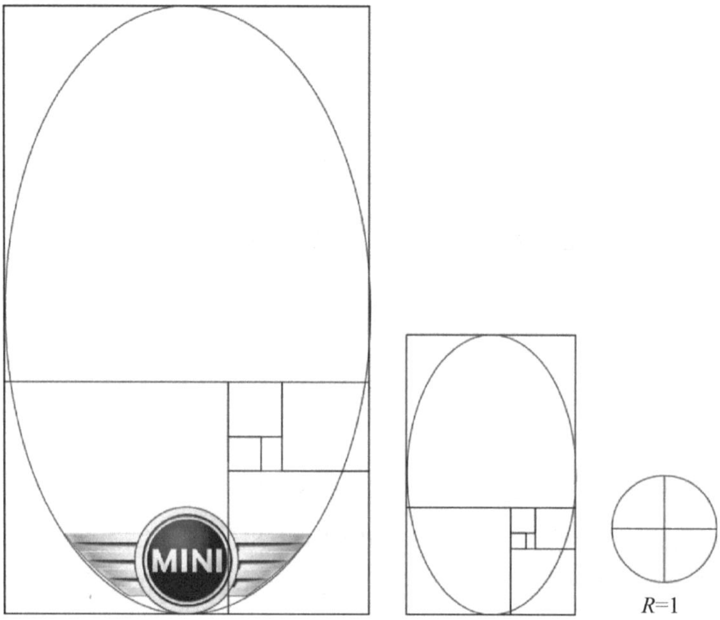

图 5-14　MINI 标志的黄金椭圆构图及正圆构图

2）网格构图

将宝马 MINI 的整个标志划分为网格，可以看到小翅膀和圆圈的长度成黄金比例，小翅膀将圆圈分为 3∶7∶2。网格的宽度和红圈之间的间隔相等，如图 5-15 所示。

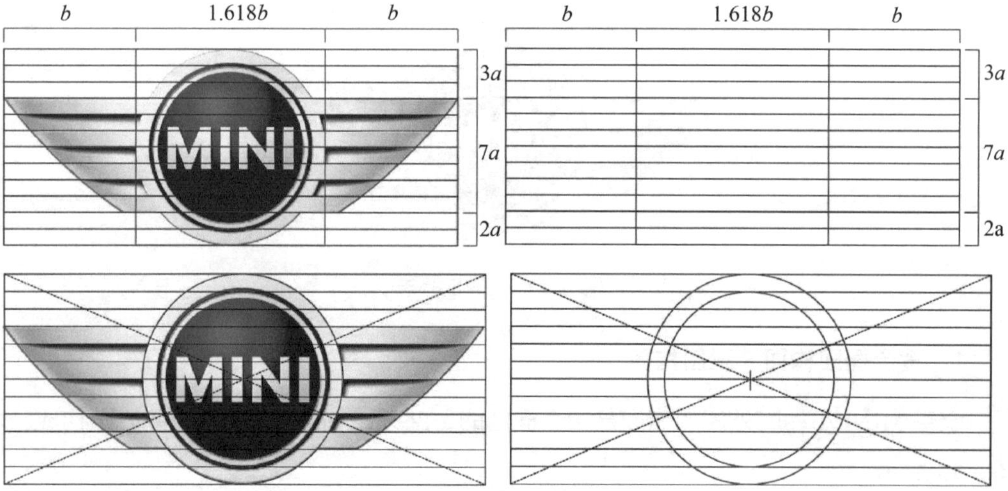

图 5-15　MINI 标志的网格构图

5.5 丰田标志 1989 年

丰田标志简介：丰田汽车的现款车标诞生于 1989 年，如图 5-16 所示。其诞生背景是为了与刚刚建立的丰田高端品牌雷克萨斯的标识相区分，同时也作为丰田 50 余年成长历程的见证与纪念，可以说，现款丰田标识的诞生具有划时代的意义。

很遗憾，即使在丰田自家的官网上也找不到究竟是谁设计的这款标识，但这似乎并不影响它深入人心，由三个椭圆组成的“牛头标”几乎人尽皆知，交叉着的两个椭圆代表客户与厂家紧密相连，紧紧围绕。而外圈的大椭圆则寓意丰田席卷全球的业务范围及遍布世界的远大构想。

1）椭圆构图

丰田的标志由三个不同含义的椭圆构成，这几个椭圆分别为黄金分割椭圆、长短轴比为 2 的整数比椭圆、长短轴比为 $\sqrt{5}$ 的椭圆，如图 5-17 所示。

图 5-16　丰田标志

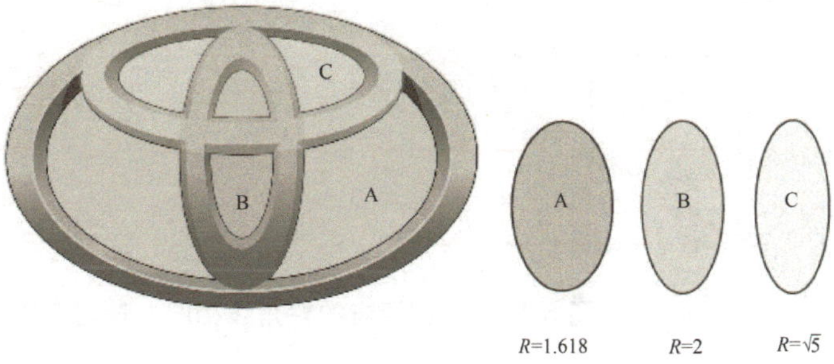

图 5-17　丰田标志的椭圆构图

2）黄金分割矩形构图

丰田标志由两个黄金分割矩形相叠而成，一次黄金分割线和二次黄金分割线分别确定两个小椭圆的位置，如图 5-18 所示。

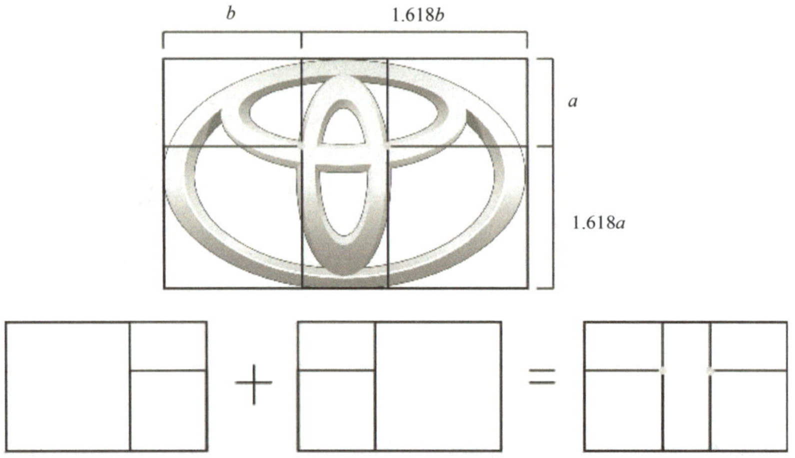

图 5-18 丰田标志的黄金分割矩形构图

3）对角线构图、黄金分割矩形构图

对角线的焦点为整个标志的中心，而在以中线分割的四个小黄金分割矩形中，经过再次分割确定了大小两个椭圆的分界点，如图 5-19 所示。

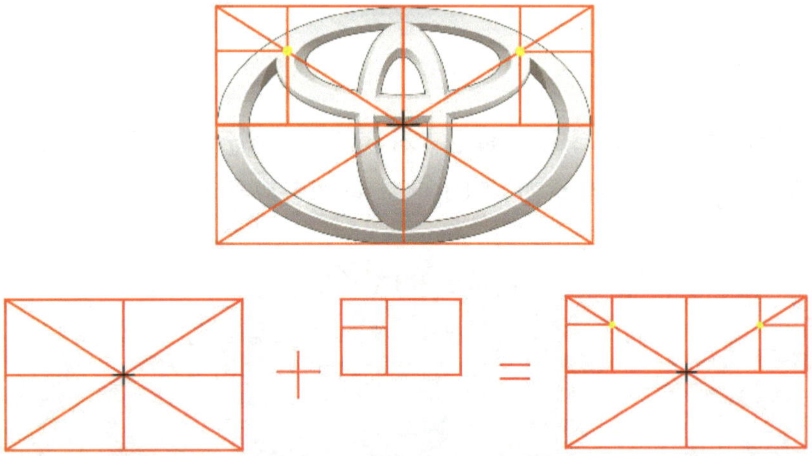

图 5-19 丰田标志的对角线构图、黄金分割矩形构图

5.6 阿迪达斯（adidas)三叶草标志 山本耀司 1972 年

设计师简介：山本耀司，1943 年出生于日本横浜，1966 年毕业于庆应大学法律系，1968 年获装苑奖，并得到去巴黎学习时装的奖学金。1970 年，从巴黎深造回国，一直活跃在以东京为主的时装设计界，更是 80 年代闯入巴黎时装舞台的先锋派人物之一。他与三宅一生、川久保玲一起把西方式的建筑风格设计与日本服饰传统结合起来，使服装不仅仅是躯体的覆盖物，而是成为着装者、身体与设计师精神意韵这三者交流的纽带。

三叶草设计简介：三叶草是从 1972 年成为阿迪达斯标志之一的，如图 5-20 所示，标志的形状是展开的三叶草，如同地球立体三维的的平面图，即类似于世界地图，同时象征着三条纹延伸至全世界。1972—1996 年，这个标志被使用到阿迪达斯的所有产品上，1996 年之后就只使用于经典系列 Original 产品。

图 5-20　阿迪达斯的三叶草标志

三叶草标志还有其他方面的意义：三叶草的花语是幸福，传说谁能找到四瓣叶子的三叶草谁就会得到幸福。所以在欧洲一些国家，在路边看到三叶草的人们，几乎都会把它收好、压平，以便来日赠送他人，以此来表达他们对友人的美好祝愿。

1）格式塔原理之圆形构图

阿迪达斯的三叶草标志由两个圆的相交部分旋转三次而成，在标志的下半部分有三条宽度相等的白线，标志使用连续性原理（我们的视觉倾向于感知连续的形式而不是离散的碎片）和封闭性原理（我们的视觉系统自动将敞开的图形关闭起来，从而将其感知为完整的物体而不是分散的碎片），所以整个标志虽然有很多部分蓝色组成，但是它还是一个整体，如图 5-21 所示。

图 5-21　三叶草标志的圆形构图

2）正方形构图之对角线构图

整个标志的长宽比是一个正方形，对角线的交点正好是横线的位置，如图 5-22 所示。

图 5-22　三叶草标志的对角线构图

3）圆形构图、矩形构图

标志字体设计中，主要由圆和矩形构成，如图 5-23 所示。

图 5-23　三叶草标志中字体的构图设计

第 6 章
名画视觉美学案例精选

6.1 《维特鲁威人》
列奥纳多·达·芬奇 文艺复兴时期

设计师介绍：列奥纳多·达·芬奇（Leonardo Di Ser Piero Da Vinci，1452—1519），艺术家、科学家，这位奇才对各个领域的知识几乎是无师自通，是人类历史上绝无仅有的全才。他最大的成就是绘画，《蒙娜丽莎》、《抱着银鼠的女人》《卢克雷齐亚·克里韦利》和《最后的晚餐》体现了他精湛的艺术造诣。他还擅长雕刻、音乐、发明，通晓数学、生理、物理、天文、地质等学科，既多才多艺，又勤奋多产，保存下来的手稿大约有6000页。达芬奇认为自然中最美的研究对象是人体，人体是大自然的奇妙之作品，画家应以人为绘画对象的核心。

《维特鲁威人》介绍：如图6-1所示，这是许多人都熟悉的一幅画：一个裸体的健壮中年男子，两臂微斜上举，两腿叉开，以他的头、足和手指各为端点，正好外接一个圆形。同时在画中清楚可见叠着另一幅图像：男子两臂平伸站立，以他的头、足和手指各为端点，正好外接一个正方形。这就是名画《维特鲁威人》（HomoVitruvianus），出自文艺复兴艺术巨匠达·芬奇之手，画名是根据古罗马杰出的建筑家维特鲁威（Vitruvii）的名字取的，该建筑家在他的著作《建筑十书》中曾盛赞人体比例和黄金分割。

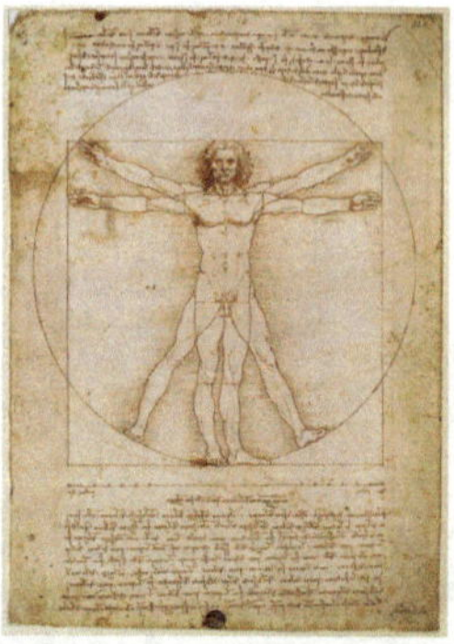

图6-1 《维特鲁威人》

关于维特鲁威的生平、建筑活动，因史料所限已难考证。仅从《建筑十书》的零星记载可知，维特鲁威出身富有家庭，受过良好的文化和工程技术方面的教育，熟悉希腊语，通晓建筑、市政、机械和军工等项技术，也钻研过几何学、物理学、天文学、哲学、历史、美学、音乐等方面的知识。他先后为两代统治者恺撒和奥古斯服务过，任建筑师和工程师，因建筑著作而受到嘉奖。

人体中自然的中心点是肚脐。因为如果人把手脚张开，作仰卧姿势，然后以他的肚脐为中心用圆规画出一个圆，那么他的手指和脚趾就会与圆周接触。不仅可以在人体中这样地画出圆形，而且可以在人体中画出方形。即如果由脚底量到头顶，并把这一量度移到张开的两手，那么就会发现高和宽相等，恰似平面上用直尺确定方形一样。“维特鲁威人”也是达芬奇以比例最精准的男性为蓝本，因此后世也常以“完美比例”。

1）黄金比例分割构图

人体以肚脐为节点形成黄金分割，如图 6-2 所示。

2）圆形构图、五角星构图

达 • 芬奇“圆形中的人体”以人物的肚脐为圆心画圆，人的手张开和脚位于圆周上并且形成一个五角星构图，如图 6-3 所示。

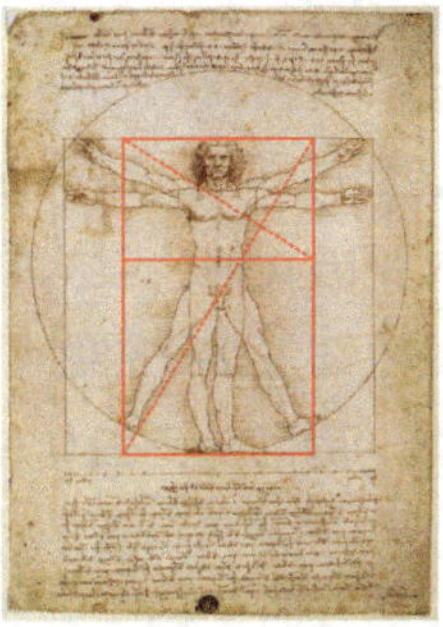

图 6-2 《维特鲁威人》黄金比例分割构图

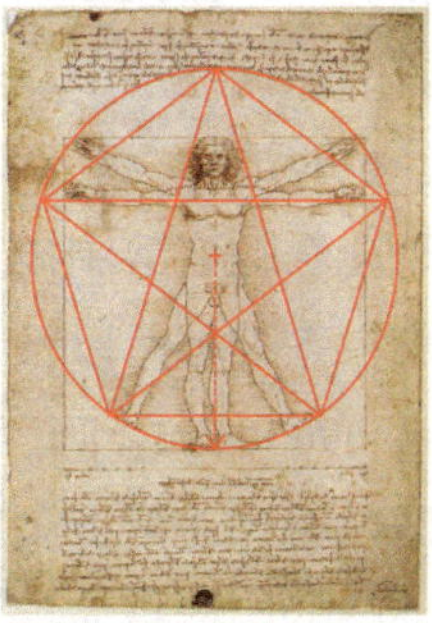

图 6-3 《维特鲁威人》圆形构图、五角星构图

3）三角形构图

将人体位于一个正方形组成的十字架中，人伸直的手位于正方形边缘的中心，脚也位于正方形边缘的中心，连接手脚形成三角形构图，如图 6-4 所示。

4）对角线构图

一个正方形恰好可以完全包围人体，人的手脚在正方形的边上，人的生殖器位于正方形位于正方形的中心，如图 6-5 所示。

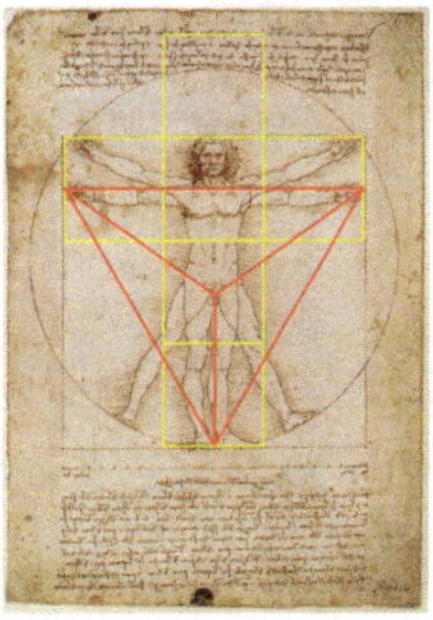

图 6-4 《维特鲁威人》三角形构图

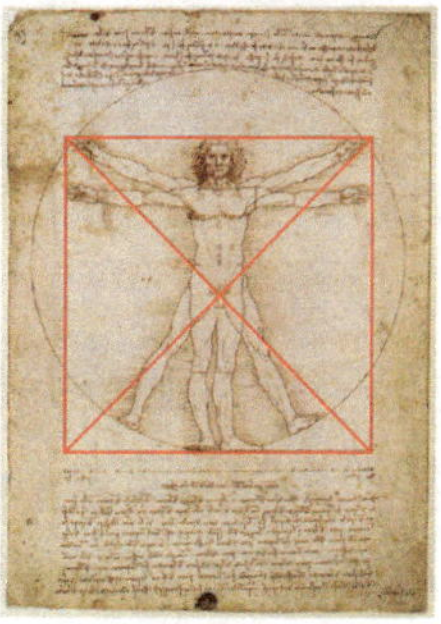

图 6-5 《维特鲁威人》对角线构图

6.2 《最后的晚餐》 列奥纳多·达·芬奇 1499 年

《最后的晚餐》(The Last Supper) 是意大利艺术家列奥纳多·达·芬奇所创作，是以这个题材创作的系列作品中最著名的一幅，直接画在米兰圣玛利亚德尔格契修道院的餐厅墙上。如图 6-6 所示，画面中沿着餐桌坐着十二个门徒，形成四组，耶稣坐在餐桌的中央。他在一种悲伤的姿势中摊开了双手，示意门徒中有人要出卖他，其人物的惊恐、愤怒、怀疑、剖白等神态，以及手势、眼神和行为，刻划得精细入微，惟妙惟肖。该画尺寸为 4210mm × 9030mm，画面利用透视原理，使欣赏者感觉房间随画面作了自然延伸。为了构图使图做得比正常就餐的距离更近，并且分成四组，在耶稣周围形成波浪状的层次。越靠近耶稣的门徒越显得激动。耶稣坐在正中间，他摊开双手镇定自若，和周围紧张的门徒形成鲜明的对比。耶稣背后的门外是祥和的外景，明亮的天空在他头上仿佛一道光环。他的双眼注视画外，仿佛看穿了世间的一切炎凉。

图 6-6 《最后的晚餐》

在众多同类题材的绘画作品里，此画被公认为空前之作，尤其以构思巧妙，布局卓越，细部写实和严格的体面关系而引人入胜。构图时，他将画面展现于饭厅一端的整块墙面，厅堂的透视构图与饭厅建筑结构相联结，使观者有身临其境之感。对画中人物典型性格的描绘与画题主旨密切配合，与构图的多样统一效果互为补充，使此画无可争议地成为世界美术宝库中最完美的作品。

1）对角线构图、黄金比例分割构图

连接对角线，耶稣的头在画作的中心点，而画面的另一个中心犹大和耶稣所在的位置离画作边缘的比例是 1∶1.618，画作中人物的手在画作的三分之一处，表现透视的窗户角度为 27.5°，而天花板的角度为 45°，如图 6-7 所示。

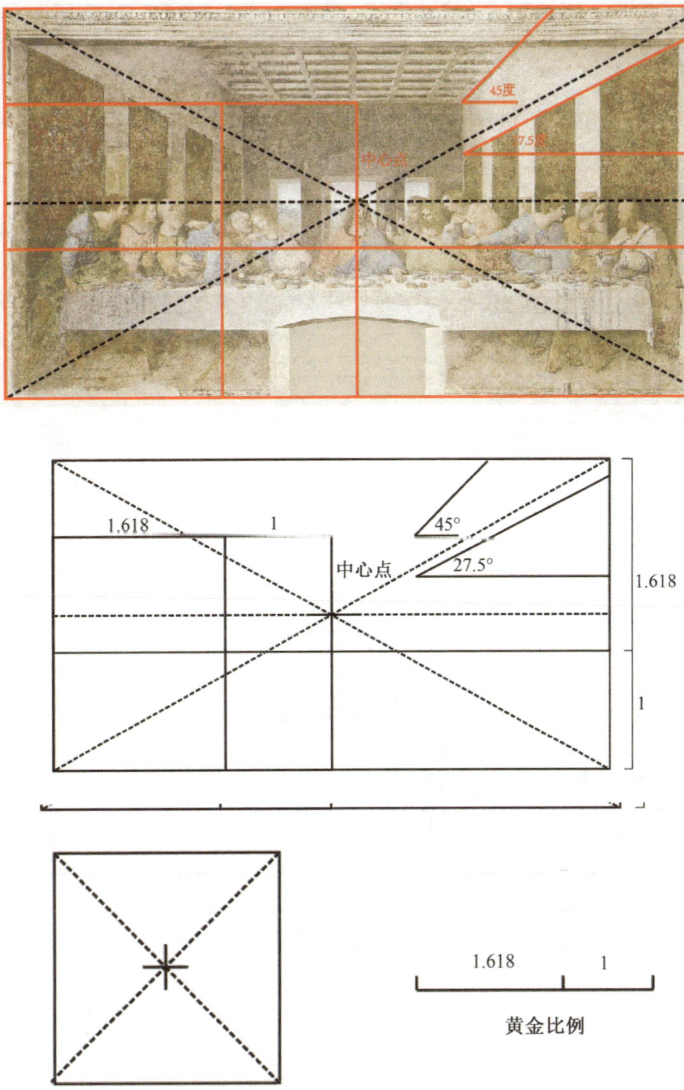

图 6-7 《最后的晚餐》对角线构图、黄金比例分割构图

2）其他黄金比例分割构图

画作中充满了黄金比例分割，包括桌布的垂直高度和桌布到桌角的距离、左边到桌角的距离和两个桌角之间的宽度、墙角到窗户两边的距离、墙角到两个棱柱的距离，如图 6-8 所示。

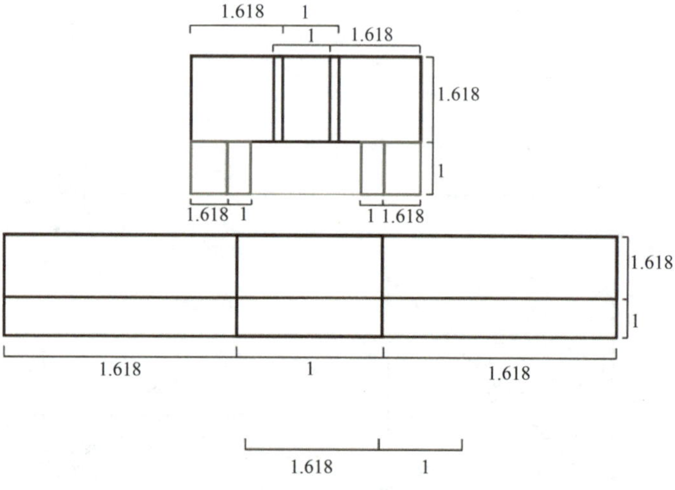

图 6-8 《最后的晚餐》其他黄金比例分割构图

6.3 《蒙娜丽莎的微笑》列奥纳多 · 达 · 芬奇 1504 年

《蒙娜丽莎的微笑》是意大利文艺复兴时代著名画家达 · 芬奇的肖像画作品，如图 6-9 所示。那时，蒙娜丽莎的幼子刚刚夭折，她一直处于哀痛之中，闷闷不乐。为了让女主人高兴起来，达 · 芬奇在作画时请来音乐家和喜剧演员，想尽办法让蒙娜丽莎高兴起来。这幅画完成后，端庄美丽的蒙娜丽莎脸上那神秘的微笑使无数人为之倾倒。人们对那微笑进行了种种猜测：是和蔼可亲的温婉？是多愁善感的感伤？是内在的快乐的标志？那微笑仿佛是这一切，又仿佛不是这一切。它的诱人之处，全在于那微笑的神秘莫测和令人倾倒。后即以“蒙娜丽莎的微笑”喻指迷人的微笑或神秘莫测的微笑。

图 6-9 《蒙娜丽莎的微笑》

1）黄金分割矩形构图

整幅画符合黄金分割，以画左、上、下三边为边建立黄金分割矩形，1 号位置确定人物的脖子，2、3 两条线的中间部分确定人物脸部宽度，4 号线确定人物眼睛，5 号线确定人物鼻子位置，6 号位置确定人物手的最右边，7 号位置确定两手相交处，8 号位置确定手的最左边，如图 6-10 所示。

2）黄金分割螺旋

蒙娜丽莎的人体符合黄金分割，人物左手到下巴的距离和头的高度符合黄金分割，人物的面部可以放入人的二次黄金分割矩形之中，人物的鼻子下端正好位于二次分割线上，如图 6-11 所示。

3）黄金分割矩形

蒙娜丽莎整个脸部位于一个黄金分割矩形之中，并且眼睛鼻子的位置符合黄金比例分割，如图 6-12 所示。

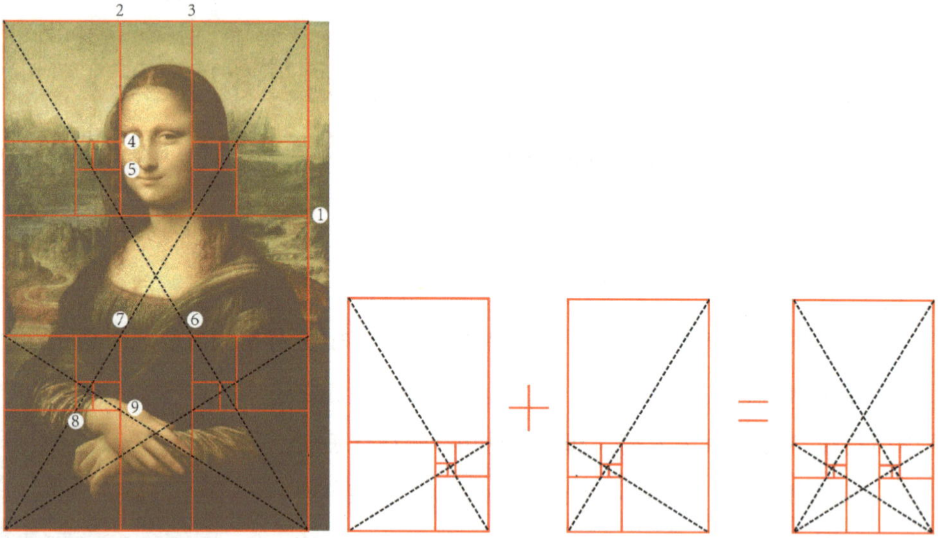

图 6-10　《蒙娜丽莎的微笑》黄金分割矩形构图

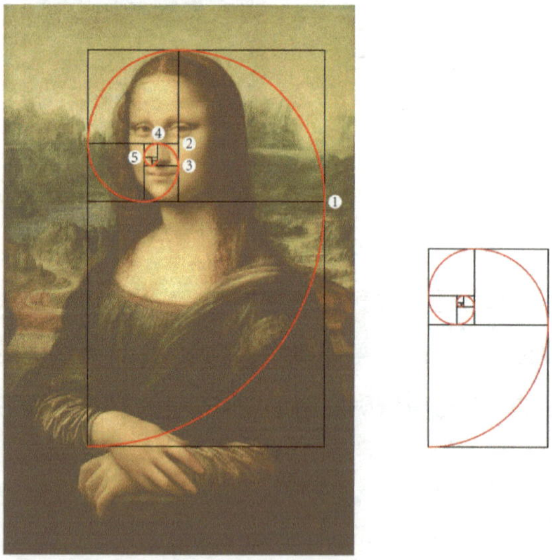

图 6-11　《蒙娜丽莎的微笑》黄金分割螺旋

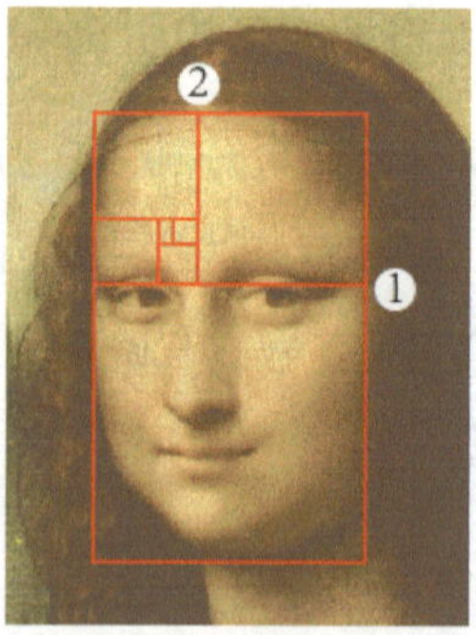

图 6-12　《蒙娜丽莎的微笑》黄金分割矩形

6.4 《红、黄、蓝的构图》 蒙德里安 1930 年

设计师简介：蒙德里安是 20 世纪荷兰著名画家，风格派创始人。他以代表性的几何抽象绘画享誉世界。第一次世界大战期间，蒙德里安以非常明确的简化方式使荷兰进入了前卫艺术的轨道。1914 年，蒙德里安回到荷兰，开始了十分严谨的创作．并且影响了列克、杜斯堡等人，形成“风格派”。风格派对理性的强调使他们取得了独特的效果和成就，一时成为各流派之中的英雄。如今，提到蒙德里安，我们马上会想到那些代表“风格派”元素的格子与线条。

《红、黄、蓝的构图》简介：《红、黄、蓝的构图》是蒙德里安几何抽象风格的代表作，如图 6-13 所示，我们可以从画面中的色彩、构图、线条中去体会蒙德里安所崇尚的绘画哲学。比例与分割应该是蒙德里安最擅长的设计方式，他努力寻找形状长短、面积大小的构成规律，运用黄金分割和等比数列将画面或图形按照一定比例进行分割排列，形成富有节奏的秩序美和均衡美。如果一定要说出画面的主题，我们不得不说中间占了画面大部分位置的红色方块，不仅面积巨大，且色度极为饱和。其次是，左下方的一小块蓝色以及右下方的一点点黄色，它们与四块灰白色有效配合，让极具张力的红色正方形在画面上保持平衡、和谐。在这里，除了三原色之外，再无其他色彩；除了垂直线和水平线之外，再无其他线条；除了直角与方块之外，再无其他形状，这一切都显得纯粹而有力。正如他所说：“我一步步地排除着曲线，直到我的作品最后是由直线和横线完成。形成诸如十字形，各个相互分离和隔开，直线和横线是两相对立力量的表现。这类对立物的平衡到处存在着，控制着一切。”

图 6-13 《红、黄、蓝的构图》

比例与分割应该是蒙德里安最擅长的设计方式，他努力寻找形状长短、面积大小的构成规律，运用黄金分割和等比数列将画面或图形按照一定比例进行分割排列，形成富有节奏的秩序美和均衡美。如图 6-14 所示，为黄金比例构图、整数比矩形构图及正方形构图。

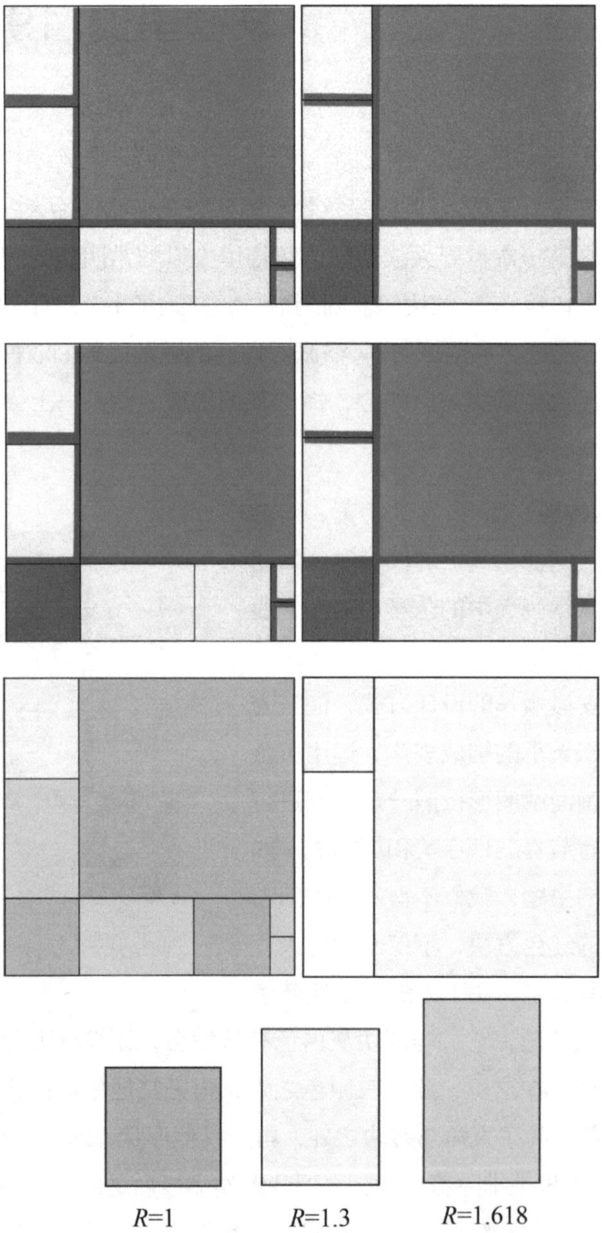

图 6-14 《红、黄、蓝的构图》各种构图方式

第 7 章
建筑视觉美学案例精选

7.1 胡夫金字塔
埃及 公元前2480年

图 7-1 胡夫金字塔

胡夫，希腊人称其为齐奥普斯，在吉萨高原建立了第一座金字塔。高 146.5m，正方形地基边长为 230m，用平均每块重约 2.5t 的 230 万块石灰岩造成，是金字塔建筑艺术中的顶峰之作，被誉为古代七大奇迹中的奇迹，如图 7-1 所示。从数学角度看，地基边长之比的两倍正好等于 3.14，这一圆周率比值直到公元前 3 年左右才被求得，前后相差近 2000 年。塔高的平方数与侧面三角形的面积几乎相等，从方位看，塔的侧面分别指向正东、正南、正西、正北，误差不超过 0.5°，塔基东南角与西北角高度误差仅为 12.7mm，精确度极高。

图 7-2 胡夫金字塔的四棱锥构图、黄金比例构图

胡夫金字塔是底面是正方形，侧面是正三角形的五面体，属四棱锥构图。另外，它的构形也符合黄金比例构图，$c:b=1.618$，符合黄金分割比例，如图 7-2 所示。

7.2 帕特农神庙
伊克蒂诺斯 公元前 477—前 432 年

在希腊首都雅典卫城坐落的古城堡中心，石灰岩的山岗上，耸峙着一座巍峨的长方形建筑物，神庙矗立在卫城的最高点，这就是在世界艺术宝库中著名的帕特农神庙，如图 7-3 所示。这座神庙历经两千多年的沧桑之变，如今庙顶已坍塌，雕像荡然无存，浮雕剥蚀严重，但从巍然屹立的柱廊中，还可以看出神庙当年的丰姿。巴特农神庙是雅典卫城最重要的主体建筑。帕特农神庙之名出于雅典娜的别号 Parthenon，即希腊文Π αρθεν ωσ的转写，意为“处女”。

图 7-3 帕特农神庙

1）黄金分割矩形构图

如图 7-4 所示，帕特农神庙的前视图可以置于一个黄金分割矩形之中，各部分符合黄金分割比例。

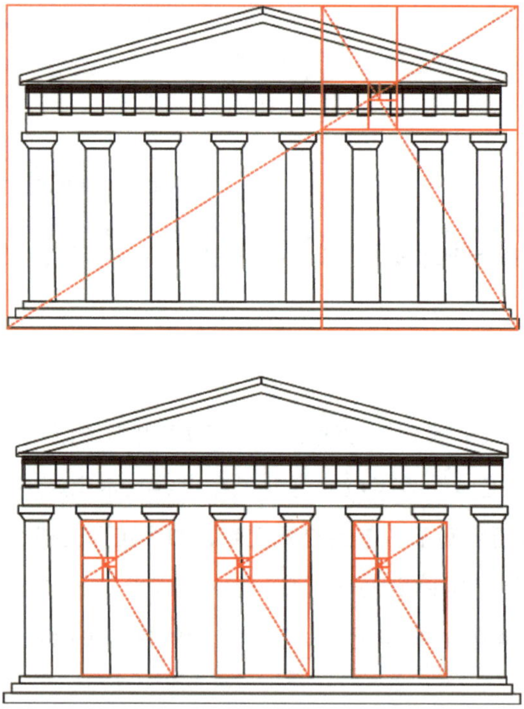

图 7-4　黄金分割矩形构图

2）相似形构图（$\sqrt{5}$ 矩形构图）

在帕特农神庙的前视图中，以两根柱子的中点连线构图，形成 $\sqrt{5}$ 矩形的相似形构图，并且整个柱面也是一个 $\sqrt{5}$ 矩形，庙檐到房顶的距离和庙檐到房顶的距离相等，如图 7-5 所示。

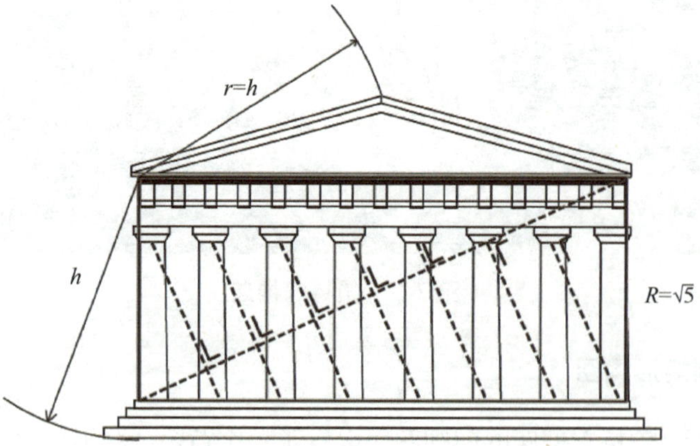

图 7-5　帕特农神庙的相似形构图

7.3 古罗马万神庙 Hadrian（罗马皇帝）公元 118—128 年

万神庙（Pantheon）位于意大利首都罗马圆形广场的北部，是罗马最古老的建筑之一，也是古罗马建筑的代表作，如图 7-6 所示。万神庙采用了穹顶覆盖的集中式形制，重建后的万神庙是单一空间、集中式构图的建筑物的代表，它也是罗马穹顶技术的最高代表。

图 7-6　古罗马万神庙

早在公元前就有了万神庙，而遗留至今的万神庙是在旧址上重建的。现存的万神庙的主体建筑由圆筒形承重墙和上面的半球形穹顶构成，穹顶起拱位置的高度相当于外墙上第二层装饰檐口的高度。圆筒形大厅的内径（除去装饰层）与半球形穹顶的内径均为 43.8m，屋顶的圆孔直径为 8.9m。圆形大厅的面积约 1500m^2，容积约 53 000m^3，圆形顶窗的面积为 63m^2，顶窗投射下来的巨大光斑随着时间的变化而移动，使人仿佛置身于宇宙之中。

另外，万神庙的结构处理也是非常精湛的：墙面的众多壁龛有效利用了墙体的厚度，穹顶内面的凹进形排列将装饰与减轻穹顶自重有机地结合在一起，厚达 6m 的墙也并非实芯，很多部位的内部是由砖拱券构成的。在比例尺度方面，许多万神庙的建筑元素之间采用了所谓“黄金比”关系。总之，无论在建筑艺术还是技术方面，万神庙都可称是古罗马建筑的最高杰作。

1）万神庙剖面图的圆形构图、黄金分割矩形构图

在万神庙的剖面图中，万神殿的圆顶是一个同心圆构图，同心圆的中心在房顶与墙面的焦点处，整个万神殿的剖面图是一个黄金分割矩形，它的走廊也符合黄金分割矩形，如图 7-7 所示。

图 7-7　万神庙剖面图的圆形构图、黄金分割矩形构图

2）圆形构图、黄金分割矩形构图、相似基本形构图

万神庙的前视图，符合圆形构图、黄金分割矩形构图和相似基本形构图，如图 7-8 所示。

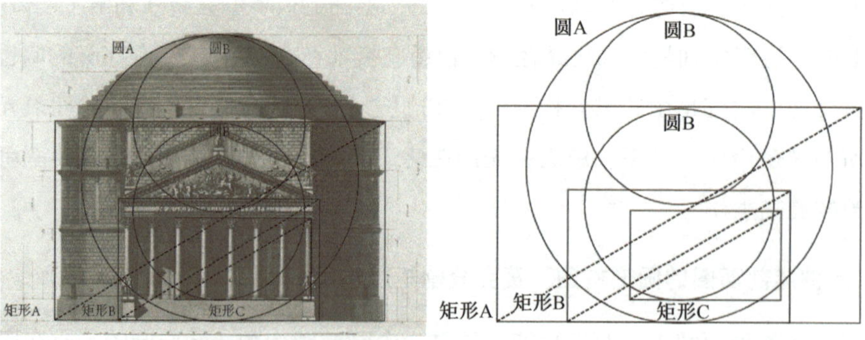

图 7-8　万神庙前视图的圆形构图、黄金分割矩形构图、相似基本形构图

7.4　新圣母玛利亚教堂
阿尔贝第 1279—1357 年

设计师简介：阿尔贝第的名著《论建筑》完成于 1452 年，全文直到 1485 年才出版。这是文艺复兴时期第一部完整的建筑理论著作，也是对当时流行的古典建筑的比例、柱式及城市规划理论和经验的总结。它的出版推动了文艺复兴建筑的发展。阿尔伯蒂思想活跃，他的建筑作品既有仿古式样的，也有大胆革新的。比较有代表性的是佛罗伦萨的鲁奇兰府邸（1446—1451）、圣玛利亚小教堂正立面（1456—1470）和曼图亚的圣安德烈教堂（1472—1494）。鲁奇兰府邸立面分三层，每层都有壁柱和水平线脚，第二、三层窗用半圆券，顶部以一个大檐口把整座建筑统一起来。这种手法为意大利文艺复兴时期其他建筑所仿效。

新圣母玛利亚教堂简介：佛罗伦萨车站对面的新圣母玛利亚教堂（Santa Maria Novella）建于 1279—1357 年，教堂的正面在 1470 年又由建筑师阿尔贝第整修过，看起来仍旧不起眼，好像土黄色的砖块砌成的城堡，如图 7-9 所示。

图 7-9　新圣母玛利亚教堂

教堂的内部哥德式的辉煌的壁画是最吸引人的地方，尤其是马萨其欧的圣三位一体的壁画，是非常有名的教堂艺术之一。

教堂里面末端主祭坛类似殿堂的设计很值得细看，以及绿色回廊、西班牙礼拜堂（目前是博物馆）、史特罗济礼拜堂等都是参观的重点。

新圣玛利亚教堂是 13 世纪中期和后期意大利哥特建筑最成功和最具典型性的教堂建筑。人们甚至认为可以以新圣玛利亚教堂为出发点，对意大利哥特风格下定义。革新的教堂结合北方教堂的元素，空间向侧面铺开，将几个中厅连为一体。中央的后殿又采用了不同的手法，以几个高大的窗子挨个排列的建筑方式，显示出了不同于法国哥特盛期或辐射式的设计。

1）相似性构图

如图 7-10 所示，整个建筑采用正方形的相似形构图，看起来整齐有序，富有韵律。

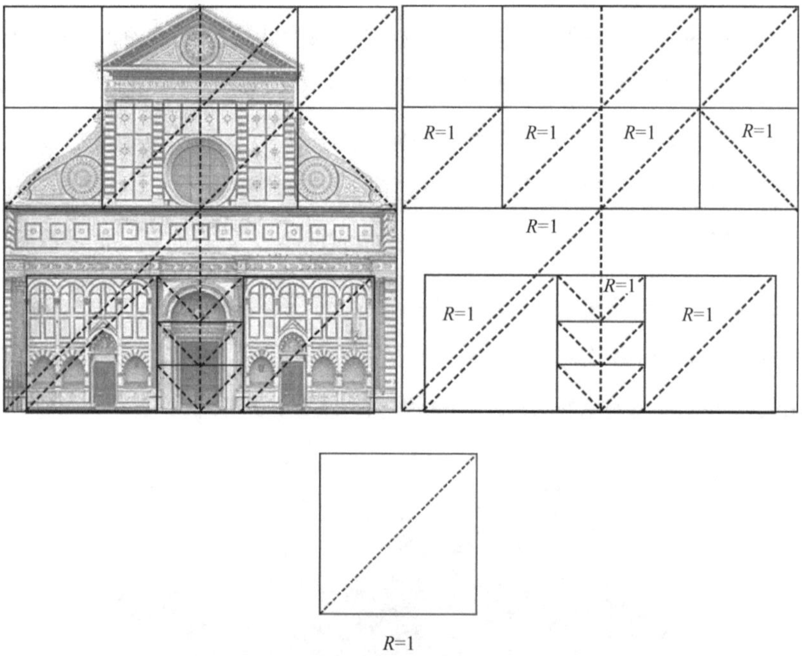

图 7-10　教堂的相似形构图

2）同心圆构图

在建筑设计的细节部分，无论是最大的窗户、边缘的装饰，还是门上端的部分都符合同心圆构图，如图 7-11 所示。

图 7-11　教堂的同心圆构图

3）黄金分割矩形构图

在设计中采用黄金分割矩形，以整个建筑的高为矩形的长，建立黄金分割矩形，确立了二楼圆形窗户旁边两根柱子的位置，三次分割确定了屋顶最下沿的高度，如图 7-12 所示。

图 7-12　教堂的黄金分割矩形构图

7.5 巴黎凯旋门
夏尔格兰 1806 年

巴黎凯旋门简介：凯旋门（Triumphal Arch）是欧洲纪念战争胜利的一种建筑。始建于古罗马时期，当时统治者以此炫耀自己的功绩，后为欧洲其他国家所效仿，常建在城市主要街道中或广场上，用石块砌筑，形似门楼，有一个或三个拱券门洞，上刻宣扬统治者战绩的浮雕。法国巴黎的星形广场凯旋门，又称戴高乐广场凯旋门，始建于法国皇帝拿破仑一世政权的鼎盛时期的 1806 年。这是欧洲 100 多座凯旋门中最大的一座，为巴黎四大代表建筑之一，是法国政府重点保护的名胜古迹，如图 7-13 所示。

图 7-13　巴黎凯旋门

1）网格构图

巴黎凯旋门的整体位于一个九宫格的网格中，两根柱子的宽度和中间过道的宽度相等，顶端到过道的顶端的距离和过道的高度比为 1:2，如图 7-14 所示。

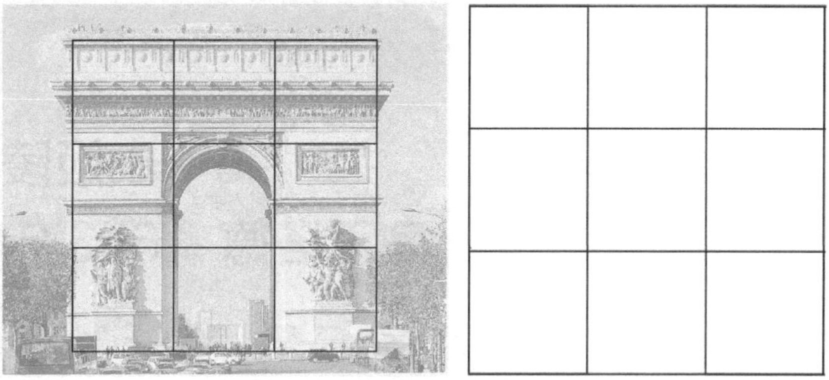

图 7-14 巴黎凯旋门的网格构图

2）相似基本形构图

正方形、圆形和 45°直角三角形的比例相同。均为 R=1，这三种形状为“同比例，异形体”。

巴黎凯旋门的比例的主题 R=1，如图 7-15 所示。

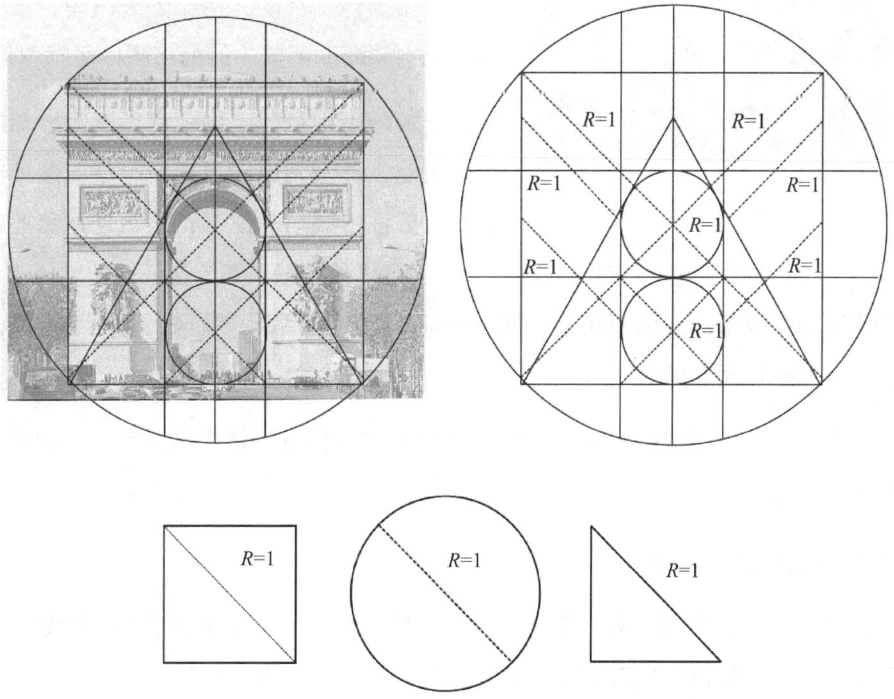

图 7-15 巴黎凯旋门的相似基本形构图

7.6 泰姬陵
乌丁塔德 1653 年

泰姬陵简介：印度的泰姬陵是世界七大建筑奇迹之一，是莫卧儿第 5 代君主——沙 •贾汗（Shah Jahan）对皇后慕塔芝 • 玛哈（Mamtaz Mahal）之爱的见证，如图 7-16 所示。

泰姬陵随着季节、时间的变化而变化。黎明时分，泰姬陵呈粉红色，似绽放的花朵；中午，泰姬陵呈白色，光芒耀眼；傍晚，泰姬陵呈灰白色，色泽柔和似珍珠。在圆月退去、星斗闪烁的天气里，泰姬陵可呈现出白色、琥珀色、灰色、金黄色。在阴云密布的天气里，泰姬陵似冬季空中漂浮的薄雾中的海市蜃楼忽隐忽现。

图 7-16 泰姬陵

泰姬陵占地甚广，由前庭、正门、莫卧儿花园、陵墓主体及两座清真寺所组成。陵墓主殿四角都有圆柱形高塔一座，特别之处是每座塔均向外倾斜 12°，若遇上地震只会向四方倒下，而不会影响主殿。无论在任何角度望去，纯白色的泰姬陵均壮丽无比，造型完美，加上陵前水池中的倒影，就像有两座泰姬陵互相辉映，被誉为世界七大奇观之一。

泰姬陵建筑集中了印度、中东、波斯的建筑艺术特点，整个布局完美、和谐，是建筑史上不可多得的杰作。

1）黄金比例分割构图

泰姬陵整个处于黄金比例分割之中，不仅是在横向上，边缘到最大门的距离和门符合黄金比例分割，在竖直方向上也存在各种黄金分割，如图 7-17 所示。

图 7-17　泰姬陵的黄金比例分割构图

2）城墙的黄金比例构图

在城墙部分，泰姬陵在竖直方向上有三个黄金比例构图，在横向上城墙边缘到门的距离和门的宽度符合黄金比例分割，如图 7-18 所示。

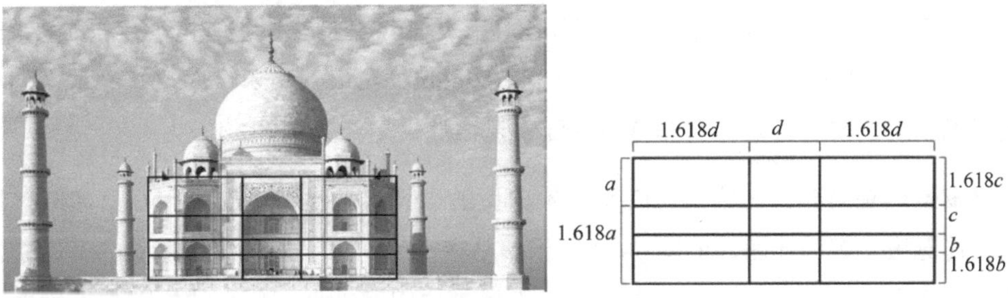

图 7-18　泰姬陵城墙的黄金比例构图

3）圆形构图

泰姬陵的塔顶是一个圆球的形式，并且大圆球与小圆球的比例为 3:1，如图 7-19 所示。

图 7-19　泰姬陵的圆形构图

7.7 巴黎圣母院

设计师简介：由于缺乏文献，圣母院最早的一批建筑师到底是谁，并没有明确的记载。第一位有列名出来的建筑师是尚・德・谢耶（Jean de Chelles），负责扩建教堂的北袖厅（Transept），他的后继者皮耶・德・蒙特厄依（Pierre de Montreuil）则完成了南袖厅。之后皮耶・德・谢耶（Pierre de Chelles）接手将门龛改为现今的模样，而尚・哈维（Jean Ravy）则完成了唱诗班屏风。法国大革命时期，圣母院教堂蒙受了非常大的损害而曾经一度残破，在 19 世纪，奥维莱 – 勒 – 杜克（Viollet-le-Duc）负责全面整修教堂，因此今日我们见到的巴黎圣母院，有非常多的要素是由他来重新诠释的。

巴黎圣母院简介：巴黎圣母院是一座典型的哥特式教堂。全部采用石材建造，其特点是高耸挺拔，辉煌壮丽，如图 7-20 所示。站在塞纳河畔，远眺高高矗立的圣母院，巨大的门四周布满了雕像，一层接着一层，石像越往里层越小。所有的柱子都挺拔修长，与上部尖尖的拱券连成一气。中庭又窄又高又长。从外面仰望教堂，那高峻的形体加上顶部耸立的钟塔和尖塔，使人感到一种向蓝天升腾的雄姿。巴黎圣母院的主立面是世界上哥特式建筑中最美妙、最和谐的，水平与竖直的比例近乎黄金比 1∶0.618，立柱和装饰带把立面分为 9 块小的黄金比矩形，十分和谐匀称，后世的许多基督教堂都模仿了它的样子。

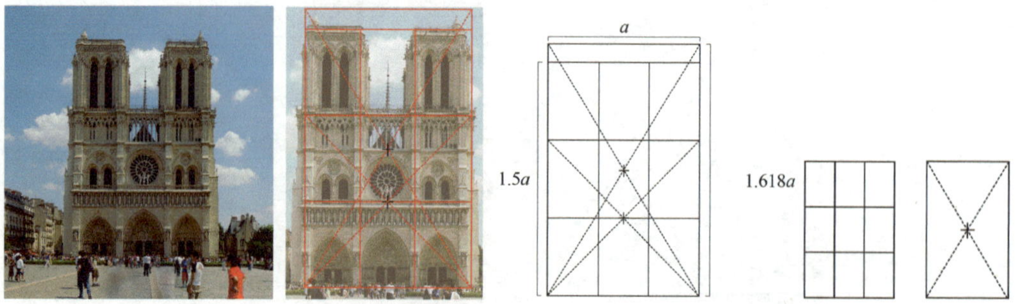

图 7-20　巴黎圣母院九宫网格构图对角线构图

7.8 范斯沃斯住宅
密斯·凡·德罗 1950 年

设计师简介：密斯·凡·德罗是 20 世纪中期世界上最著名的四位现代建筑大师之一。对于建筑本身而言，他与柯布西耶在风格上不尽相同，但建筑理念总体还是差不多的。密斯在 1908—1911 年与著名建筑大师彼得·贝伦斯一起工作并得以学习。后来，他又采纳包豪斯建筑学派的风格，并继承了瓦尔特·格罗皮乌斯遗留的风格。这位德国土生土长的建筑师于 1937 年移居美国，1938—1958 年任芝加哥阿莫学院（后改名伊利诺工学院）建筑系主任。

范斯沃斯住宅简介：范斯沃斯住宅是密斯 1945 年为美国女医师范斯沃斯设计的，1950 年落成，如图 7-21 所示。住宅坐落在帕拉诺南部的福克斯河右岸，房子四周是一片平坦的牧野，夹杂着丛生茂密的树林。与其他住宅建筑不同的是，范斯沃斯住宅以大片的玻璃取代了阻隔视线的墙面，成为名副其实的“看得见风景的房间”。

图 7-21 范斯沃斯住宅

范斯沃斯住宅造型类似于一个架空的四边透明的盒子，建筑外观也简洁明净，高雅别致。袒露于外部的钢结构均被漆成白色，与周围的树木草坪相映成趣。由于玻璃墙面的全透明观感，建筑视野开阔，空间构成与周围风景环境一气呵成。

这栋全玻璃的房子更多是密斯建筑理念的一种实验性产品，在居住者便利方面则相对弱化。密斯认为这种透明的方式使得住宅的空间与空气得以自由流动，而在居住者看来，这无疑是让居住成为一种公众性、缺乏隐私的行为。这也是范斯沃斯住宅之所以备受争议的根本原因。

1）黄金分割矩形构图、正方形构图

范斯沃斯住宅的侧面构图中，从房顶到地面的距离和房顶到地板距离如图 7-22 所示，每个窗格就是一个正方形构图。

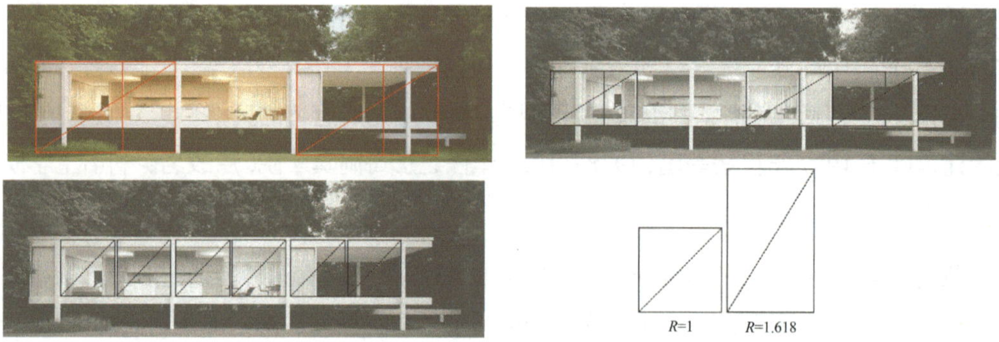

图 7-22　住宅的黄金分割矩形构图、正方形构图

2）相似形构图、黄金分割矩形构图

在范斯沃斯住宅的俯视图中，存在着黄金分割矩形的相似形构图，如图 7-23 所示。

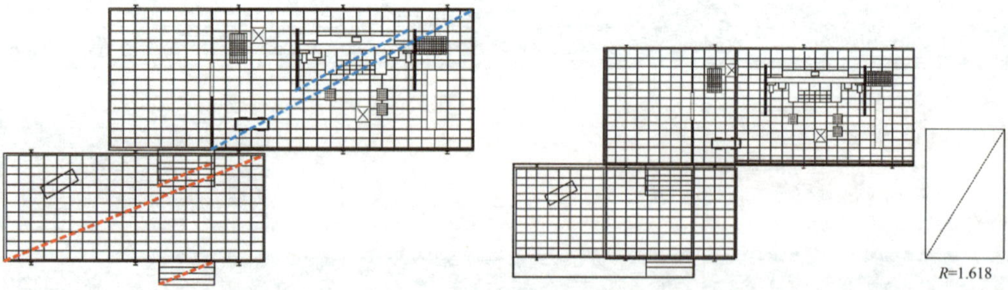

图 7-23　相似形构图及黄金分割矩形构图

第 8 章

海报视觉美学案例精选

8.1 《决不妥协》海报 A.M.卡桑德尔 1925 年

设计师简介：A.M.卡桑德尔（1901—1968）的作品呈现鲜明的特点，通常以高度概括的形体、强烈明快的色彩、粗壮醒目的字体、多角度的视点和透视手法，来使作品充满了时代感和形式感。他将构成主义、未来主义等风格融入自己的作品中，探索高度简洁的形式与明快的色彩对比产生的感情表达，倡导对时代生活的感受形式与内容的统一。1927 年，卡桑德尔创作了北方快车招贴画，开始确立他设计大师的地位。

《决不妥协》简介：卡桑德尔在 1925 年为一份同名的巴黎报纸设计了这张《决不妥协》海报，它的成功在于将女性头部的具象形态转化为玛丽安娜，即法国代言人的视觉象征。卡桑德尔承认自己的作品“本质上是几何形的并且永具有生命力”，几乎在他任何一张海报中都能找到几何元素，他特别注意圆形的力量，在这张作品中运用圆形来引导和吸引观众的注意力，如图 8-1 所示。

图 8-1 《决不妥协》海报

1）圆形构图

外耳和嘴巴的圆弧为大小相等的圆形，构成眼睛、内耳、耳垂及绝缘器的圆形大小相等，构成头部的为最大圆，这些圆的比例为 20∶5∶2，如图 8-2 所示。

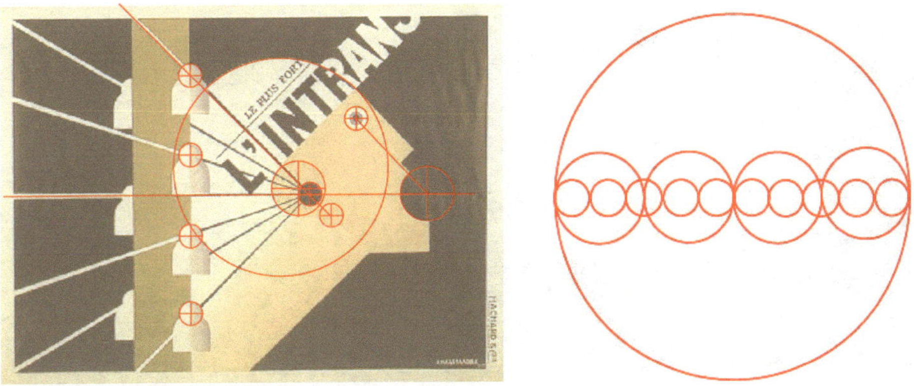

图 8-2　《决不妥协》海报的圆形构图

2）$\sqrt{2}$ 矩形构图、角度构图

整个版面是一个 $\sqrt{2}$ 矩形，以内耳圆心辐射出来的电线的夹角为 15° ，其中最底下电线的水平夹角为 45° ，最上面电线和水平夹角也为 45° ，如图 8-3 所示。

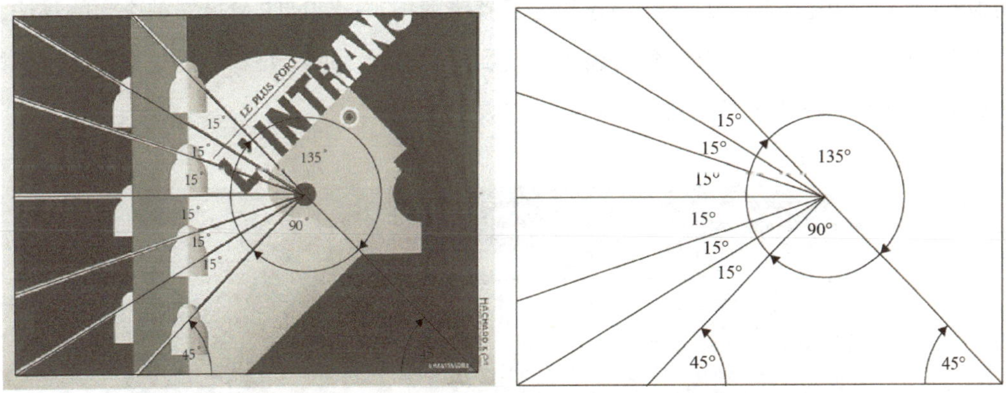

图 8-3　《决不妥协》海报的 $\sqrt{2}$ 矩形构图及角度构图

3）网格构图

（1）连接海报的对角线，L 的尖顶位于海报的中心，眼睛位于右对角线上，一个灯泡的底端和电线和中线重合，并且中线穿过耳孔。

（2）把这张海报被分成 6 × 8 的表格，每个单元都是正方形。人脸的下巴位于海报的一个单元中，左边褐色的柱子正好位于一列单元中，如图 8-4 所示。

图 8-4 《决不妥协》海报的网格构图

4）45°角构图、$\sqrt{2}$ 矩形构图

这张海报的格式属于 $\sqrt{2}$ 矩形，眼睛被 $\sqrt{2}$ 矩形对角线所平分，这条对角线也跨越了海报的中央，也就是字母 L 的坐下家平分了整张海报“L’INTRANA”整个字的基线，位于海报中央水平线以上 45° 角斜线上，电线杆的电线，每隔 15° 绘出一根斜线至海报中央上下 45° ，鼻子和下巴同样是 45° ，如图 8-5 所示。

图 8-5 《决不妥协》海报的 45°角构图及 $\sqrt{2}$ 矩形构图

8.2 《非洲黑人艺术》海报 马克思 · 毕尔 1931 年

设计师简介：毕尔（1908—1994）是杰出的艺术家之一，乌尔姆设计学院的联合创始人和首任院长。这位名副其实的全能天才做过建筑师、画家、雕刻家、产品设计师，为我们留下了大量作品。作为包豪斯学院瓦尔特 · 格罗皮乌斯的学生，他几乎是本能地知道如何将结构的清晰和比例的精准同时运用到他的作品中。

《非洲黑人艺术》海报简介：这张于 1931 年设计的海报是为了南非史前岩石绘画展所制作，如图 8-6 所示。以几何构成极简风格的非洲黑人艺术海报，源自 1930 年的巨象艺术运动，这项运动要求以数学概念建构纯视觉元素，而毕尔也认为数学概念是绝对明确的人类共通的视觉语言。

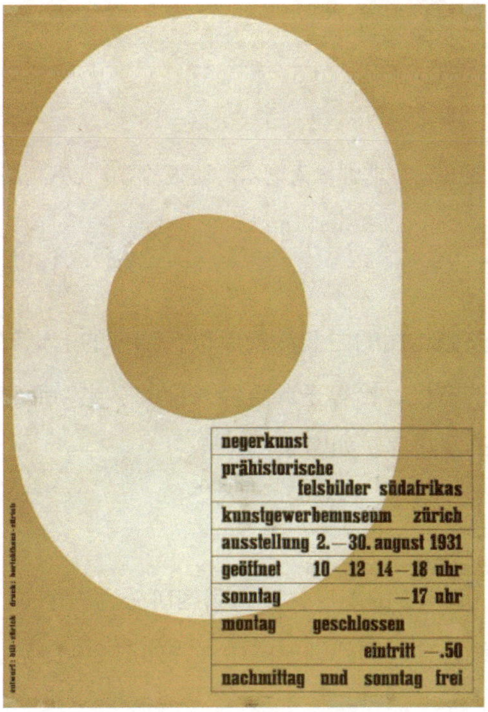

图 8-6 《非洲黑人艺术》海报

1）$\sqrt{2}$ 比例构图

整张海报的视觉中心在水平 1:$\sqrt{2}$ 的直线和对角线的交点处，再以 $\sqrt{2}$:1 把海报竖直方向分开得到一条线②，以视觉中心为圆心，以到线②距离为半径作做最小圆，如图 8-7 所示。

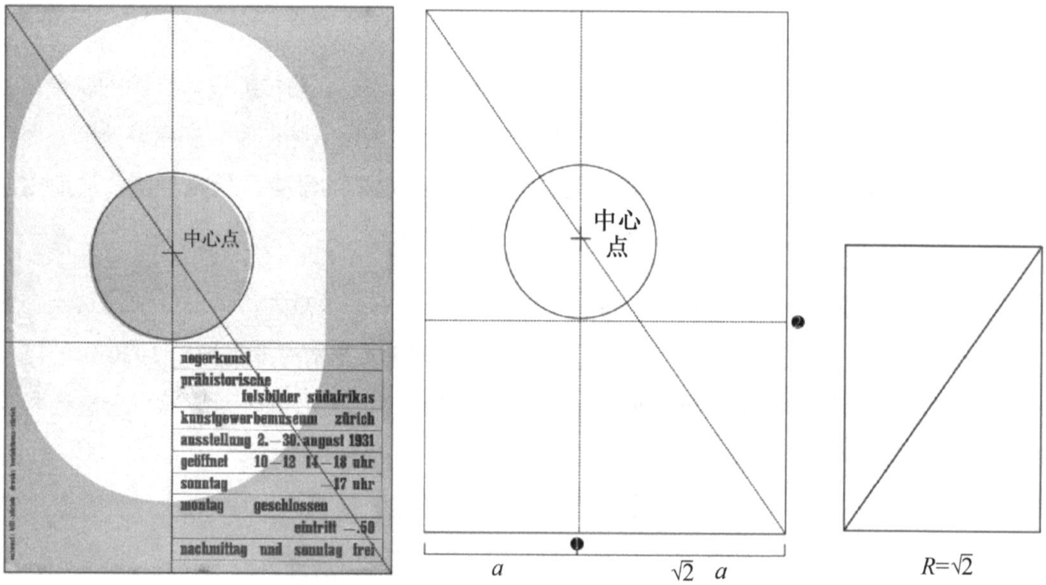

图 8-7 《非洲黑人艺术》海报的 $\sqrt{2}$ 比例构图

2）圆形构图

中间圆形的直径是整张构图的主要测量单位，圆形的上半部与下半部高度，等同与该圆形直径。圆形两边的宽度，恰等于此直径长度的一半，而穿过此圆圆心的垂直线，刚好对齐海报文字区块的左边界，如图 8-8 所示。

3）多个 $\sqrt{2}$ 比例构图

海报的外形尺寸为一个 $\sqrt{2}$ 的矩形，而整张图可分为三个 $\sqrt{2}$ 矩形，图中的垂直线为文字区块左侧的对齐轴线，穿过内部圆形的中央，如图 8-9 所示。

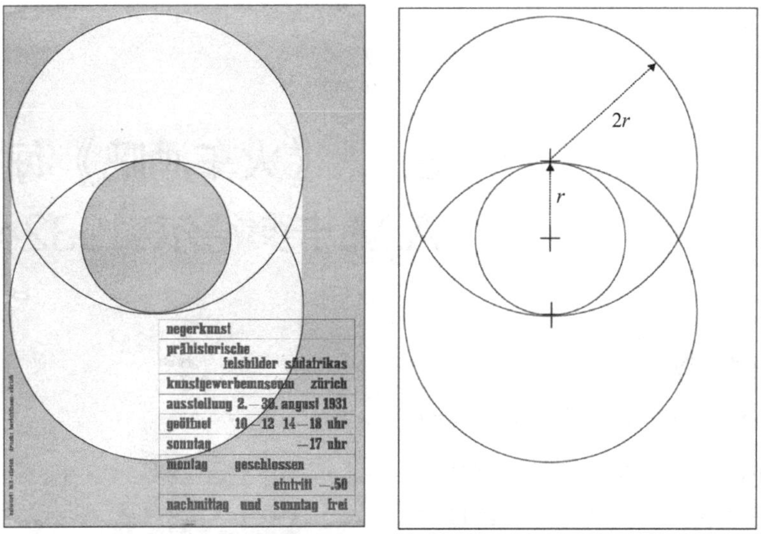

图 8-8 《非洲黑人艺术》海报的圆形构图

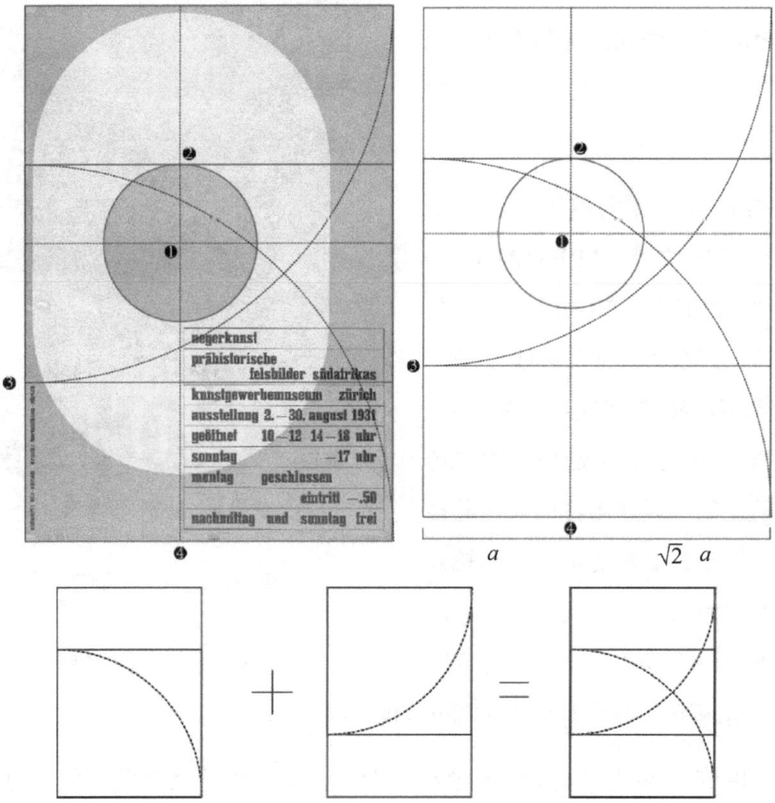

图 8-9 《非洲黑人艺术》海报的多个 $\sqrt{2}$ 比例构图

8.3 《火车酒吧》海报 A.M.卡桑德尔 1932 年

《火车酒吧》海报简介：《火车酒吧》海报（Wagon-Bar Poster）和早期的《绝不妥协》海报一样，都是运用几何相互关系的奇迹。卡桑德尔再次选择了一些具有代表性的元素，把它们简化和特征化，使其成为一些简单的几何图形。图中的矿泉水瓶、酒杯和水杯、面包，葡萄酒瓶及吸管都放在了一张火车车轮的图片前，如图 8-10 所示。

图 8-10 《火车酒吧》海报

这个车轮的直径作为这段铁轨的长度的基准，突出文字“RESTAUREZ-VOUS”与“A PEU DE FRZIS”。这张剪贴画的几何特征显然表现在这些瓶子的瓶肩部和葡萄酒酒杯的凹陷部，并巧妙地把矿泉水瓶吸管的上部空处表现为白色背景，类似的空间表现还用在面包与葡萄酒酒瓶标签，以及玻璃杯的顶部和车轮外罩的边缘。这张海报的元素比较复杂，因此需要从几何上进行简化，从结构上互相构成关系，从布局上进行控制，通过分析可以知道，每个元素和每一步设计的理由都很清晰。

可以把图中的矿泉水瓶、酒杯和水杯、面包，葡萄酒瓶及吸管简化为简单的几何元素，插入水杯中两支吸管的下端从视觉上标识出这张海报的中心点，这张海报纵向上很容易被分成两部分，如图 8-11 所示。

图 8-11　《火车酒吧》海报的构图分析

构成这张海报的圆形元素成一定的比例关系，如图 8-12 所示，圆 *a*:圆 *b*:圆 *c*=12:4:1，圆 *e*:圆 *d*=2:1，圆 *e*：圆 *b*=1.618:1。

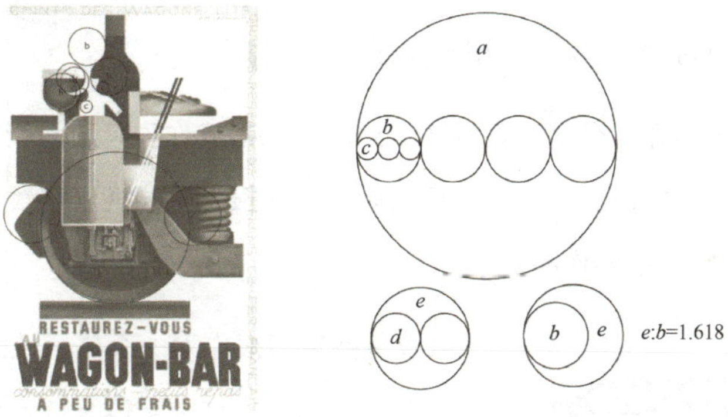

图 8-12　《火车酒吧》海报的黄金分割构图

如图 8-13 所示，我们可以看出在火车海报的字体部分都符合黄金比例，包括字体的高度以及字体的组合高度之间都符合黄金比例。

图 8-13　《火车酒吧》海报字体的黄金分割比例

8.4 《贝多芬》海报
约瑟夫 · 米勒 · 布罗克曼 1955 年

设计师简介：约瑟夫 · 米勒 · 布罗克曼是 20 世纪 50 年代瑞士国际主义平面设计的奠基人。德国的包豪斯学院解体以后，瑞士的设计师继承了包豪斯的设计思想，发展出一种网格结构系统，在数理逻辑的基础上将版面分割处一系列分界线和骨骼点，在版面的结构中寻找图片与文字的位置，使得平面设计版面简明扼要、清晰明了，既有高度的视觉传达功能，又有强烈的秩序感和时代感。

《贝多芬》海报简介：布洛克曼以瑞士派国际风格或称国际版面风格的支持者闻名，他在 1940—1950 年间所设计的《市政厅音乐会》海报，便展现了格线体系的视觉结构，也是他一贯设计准则的主要作品。

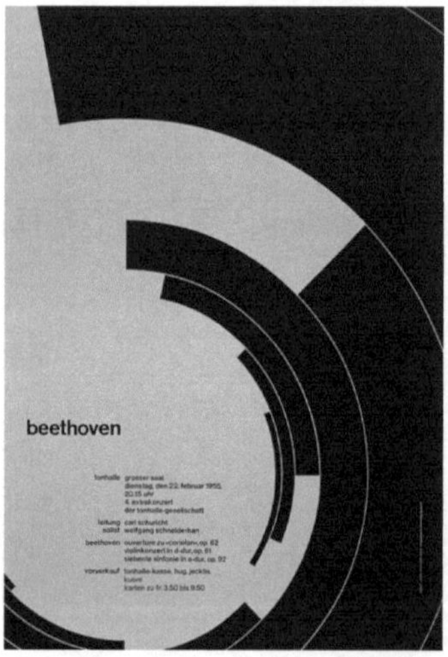

图 8-14　《贝多芬》海报

《贝多芬》海报作为一个概念性的作品，其在同心圆弧的集合律动，多与数学体系或音乐结构产生直接的关系，因而这件作品的各个结构与每个元素的大小，配置与相关位置都有理可循，布罗克曼利用各个同心圆弧在比例上的多层次变化，别出心裁地地呼应了贝多芬音乐的戏剧性，如图 8-14 所示。

1）位置构成

同心圆的圆心在海报的对角线上，“Beethoven” 在海报的三分之一以左下角为圆心以三分之一长度作圆，交与海报的对角线，即为圆心。海报的中心点也在同心口的的圆周上，如图 8-15 所示。

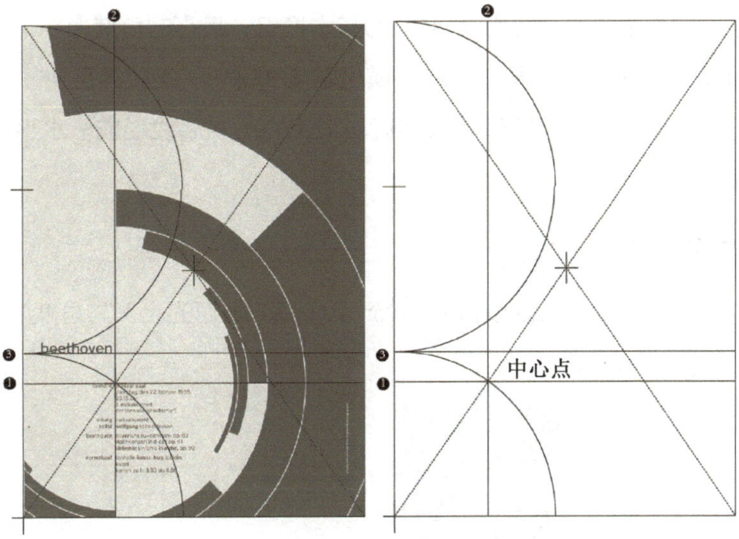

图 8-15　《贝多芬》海报的位置构成

2）$\sqrt{2}$ 矩形构图

由 $\sqrt{2}$ 构图可以看出此海报形式可以视为一个 $\sqrt{2}$ 矩形，而所有圆形的共同圆心位置，就在正方形的下底线，如图 8-16 所示。

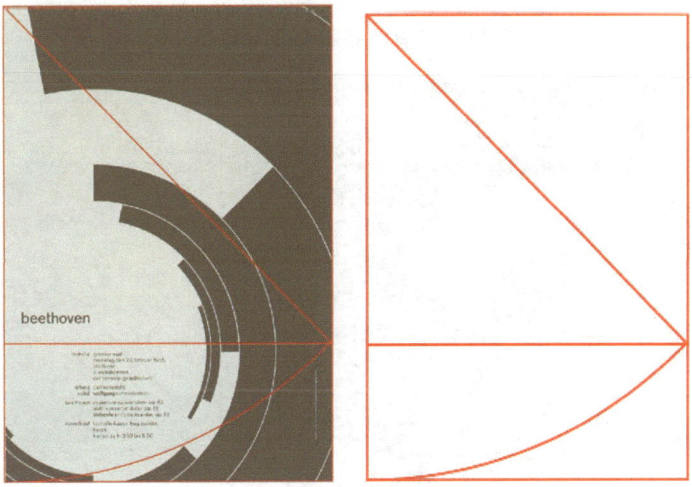

图 8-16　《贝多芬》海报的 $\sqrt{2}$ 矩形构图

3）角度分析

海报中同心圆的圆心恰好在文字区块的左上角。所有的扇形区块，都是从圆心延伸出的线条构成，每个区块的角度均以 45° 为基本模组，最小的角度为一个模组的四分之一，也就是 11.25° ，再大一点是二分之一模也就是 22.5° ，接着才是 45° 。齐左的文字区块与左侧垂直线形成对齐用的轴而文字区块最上方的水平线形成一水平角度的轴线，如图 8-17 所示。

4）45° 角构图

在第一个圆形内部置入正方形，便可看到设计师所规划的比例与角度配置，如图 8-18 所示。

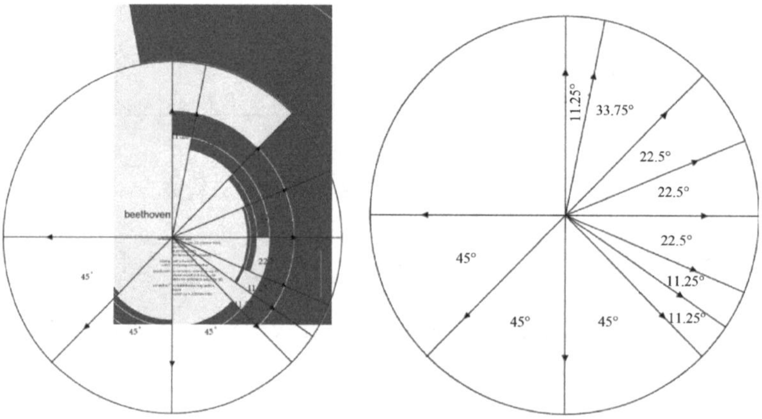

图 8-17 《贝多芬》海报的角度分析

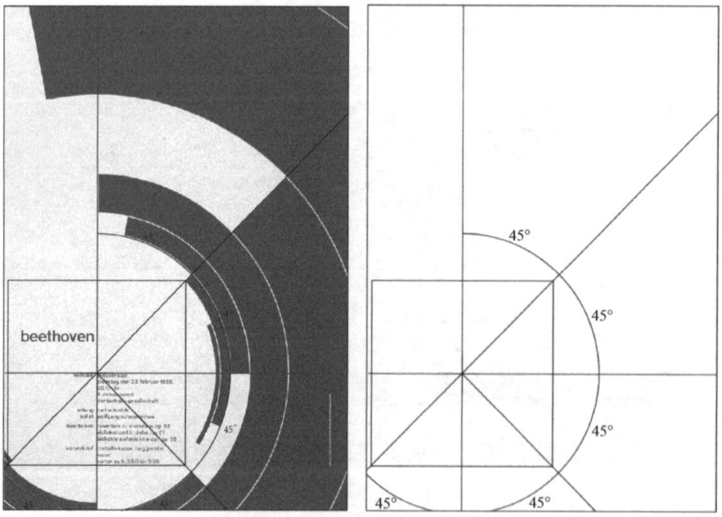

图 8-18 《贝多芬》海报的 45° 角构图

8.5 《泰坦尼克号》3D 海报 詹姆斯 · 卡梅隆 1997 年和 2012 年

设计师简介：詹姆斯 · 卡梅隆，1954 年生于加拿大安大略省的著名电影导演，擅长拍摄动作电影及科幻电影。

1984 年推出自编自导的科幻片《魔鬼终结者》使他一夜成名。他导演的电影经常超出预定计划及预算，不过都很卖座。目前电影票房史上最卖座的两部电影《阿凡达》、《泰坦尼克号》都是他执导的作品。他被英国杂志《Empire》评为“世界最伟大的 20 位导演之一”，曾获美国制片人工会奖和美国视觉效果工会奖颁发的终身成就奖。

除了当导演以外，他也是编剧、制片人，更是探险家，他的电影主题往往试图探讨人类本身和技术之间的关系。

泰坦尼克号简介：《泰坦尼克号》是美国 20 世纪福克斯公司于 1997 年拍摄的一部史诗浪漫的灾难电影，由詹姆斯 · 卡梅隆创作、编辑、制作、导演及监制，好莱坞著名影星莱昂纳多 · 迪卡普里奥、凯特 · 温斯莱特出演。影片以 1912 年泰坦尼克号邮轮在其处女启航时触礁冰山而沉没的事件为背景，描述了处于不同阶层的两个人——穷画家杰克和贵族女萝丝抛弃世俗的偏见坠入爱河，最终杰克把生命的机会让给了萝丝的感人故事。影片于 1997 年 11 月 1 日在东京首映。

影片拍摄成本高达 2 亿美元，并广泛采用了计算机特技，是当时成本最昂贵的电影，但全球票房超过 18 亿美元，是 1997—2010 年间票房最高的电影，并获得第 70 届奥斯卡金像奖最佳影片、最佳导演奖等 11 项大奖。《泰坦尼克号》在 2012 年 4 月 4 日以 3D 版形式重新发布，纪念泰坦尼克号沉船事件 100 周年。

《泰坦尼克号》电影海报如图 8-19 所示。

图 8-19 《泰坦尼克号》电影海报

1）中心点构图（一）

整个画面的中心是船的尖顶位置，并且对角线穿过两位人物的脸部，如图 8-20 所示。

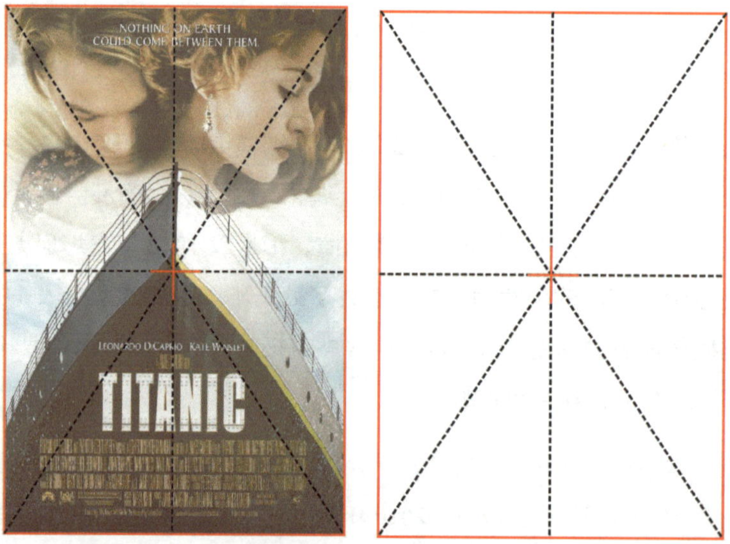

图 8-20 《泰坦尼克号》海报的中心点构图（一）

2）黄金分割矩形构图（一）

船体被设计在海报的中心位置，海面和人物把海报分割成 1:1 的画面，在海报的上半部分，以萝丝的下巴为界限被分割成 2:1 两部分，萝丝的眼睛在整幅画面的对角线上，杰克的眉毛和眼角的连线也在对角线上，在画面的下半部分，四个黄金矩形分割确定了“TITANIC”最大字体的长度和位置，主角的名字也在黄金分割矩形的连线上，金色字体的大小也符合黄金比例矩形，如图 8-21 所示。

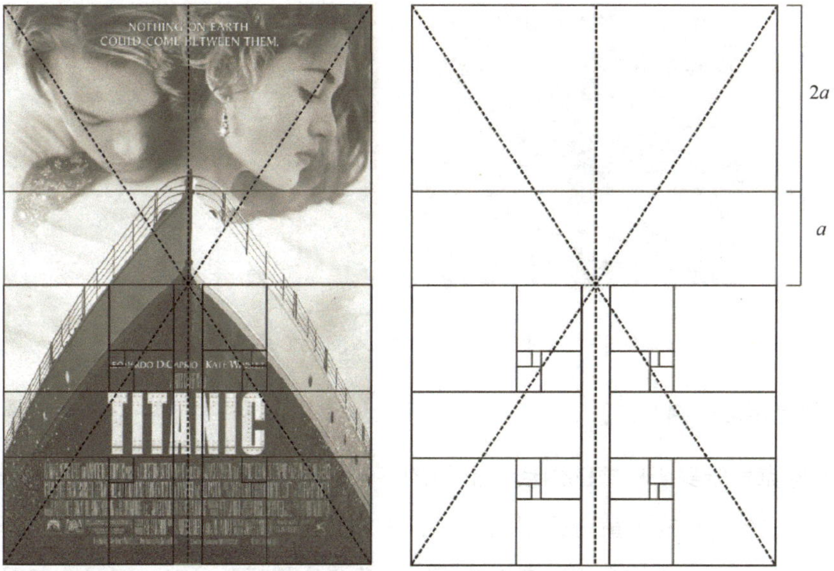

图 8-21　《泰坦尼克号》海报的黄金分割矩形构图（一）

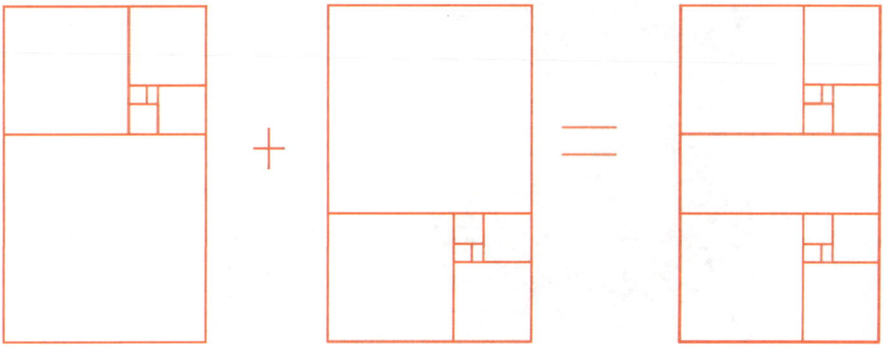

图 8-21　《泰坦尼克号》海报的黄金分割矩形构图（一）

3）中心点构图（二）

画面中心在萝丝的手的中心，垂直中线穿过萝丝的眼睛，并且水平中线分割人物和船体的位置，杰克的头部和萝丝的手肘及“TITANIC”的起始位置在同一直线上，如图 8-22 所示。

图 8-22　《泰坦尼克号》海报的中心点构图（二）

4）黄金矩形分割（二）

泰坦尼克号船身所构成的斜线把海报的下半部分进行黄金分割，并且在泰坦尼克号海报的字体设计中也充满黄金分割比率，首先“TITANIC”这几个字母处于下半部分的黄金分割处，并且最下方的介绍文字也处于这个黄金分割矩形之中，如图 8-23 所示。

图 8-23　《泰坦尼克号》海报的黄金矩形分割（二）

参考文献

[1] 朱小平. 设计美学. 北京：中国建筑工业出版社，2013.

[2] 刘悦笛. 视觉美学史——从前现代、现代到后现代. 济南：山东文艺出版社，2008.

[3] [英]库克. 生命的曲线. 周秋麟、陈品健，译. 北京：中国发展出版社，2009.

[4] 张法. 美学概论. 北京：北京师范大学出版社，2009.